PROMENADE PHILOSOPHIQUE

AU

SENTIER BOURNET.

UNE

PROMENADE PHILOSOPHIQUE

ET SENTIMENTALE

AU

SENTIER BOURNET,

DANS LA

FORÊT DE FONTAINEBLEAU.

Par CHARON.

Tityre, tu, patulæ recubans sub tegmine fag
Sylvestrem tenui musam meditaris avenâ.
(VIRG. *Eclog.*)

PRIX : **1** F. **25** CENT.

FONTAINEBLEAU,

CHEZ BROCHOT, ÉDITEUR,
Rue de la Paroisse, 5,
vis-à-vis la porte principale de l'Eglise,
ET CHEZ LES LIBRAIRES DE L'ARRONDISSEMENT.

1849.

PREMIÈRE JOURNÉE.

———

Pour quiconque a vu le jour dans
la ville de Fontainebleau, ou qui, depuis de longues années, habite cette
cité, il est facile de comprendre l'indifférence que ses habitans apportent
dans la contemplation des beautés su-
blimes qui les environnent. La satiété
a blasé leurs sens, et leur âme engour-
die sommeille tranquillement à la vue
de ce vaste et glorieux miroir, où la
face du Tout - Puissant, s'encadrant
de rochers et de feuillages, se montre

1

aux yeux ravis de l'artiste étranger, dans tout l'éclat de sa splendeur. Il ne faut pourtant qu'avoir des yeux pour concevoir l'idée de sublimité qui se rattache à une vaste étendue de forêts et de rochers, et l'admiration quelle fait naître en nous prend un caractère de gratitude, quand nous reconnaissons que cette étendue, si riche par elle-même d'accidents naturels, se trouve encore semée d'accidents factices, artificiels dus au génie et à la courageuse persévérance d'un homme. Les pensées les plus abstraites, les plus perçantes du poète s'accumulent sur son imagination, quand son œil, avide de beaux sites, s'arrête sur quelques unes de ces masses antidiluviennes, que la nature a entassées les unes sur les autres, et quand l'art, fecondé par la volonté et surtout par le bras d'un homme, lui en facilite l'accès, afin qu'il ne perde rien de leur agreste beauté.

Oh! qu'il serait heureux, cet artiste
à l'âme ardente, à l'imagination vive,
cette nature privilégiée, que le ciel semble avoir pour un instant exilé sur la
terre, s'il pouvait rencontrer cet autre
homme, seconde partie de lui-même,
que la nature a appelé à polir l'œuvre
qu'en certains endroits elle n'a fait
qu'ébaucher!... Il est artiste aussi celui qui, jetant sa santé, son existence
en gage à une ingrate postérité, dévore ses nuits à rêver au moyen d'en-
bellir les beautés mêmes de la nature,
en en facilitant l'abord, en en ras-
semblant les bribes éparses dans l'espace, en les enchaînant entre elles,
afin que d'un même coup d'œil
nous puissions en saisir davantage.
Il est artiste aussi, celui qui n'a pas
dédaigné de saisir d'une main hardie,
le lourd couperet du carrier et la ha-
che du bûcheron, pour mettre lui-
même à exécution les plans merveilleux que lui a révélés le génie de la

nature. Oui, il est réellement artiste;
et si, au lieu d'être un homme du
peuple, il appartenait à la classe des
privilégiés de la fortune ou de la naissance, la flatterie aurait encore une
fois écrit à l'entrée du sentier Bournet : *Deus nobis hœc otia fecit.*

Nous sommes persuadés néanmoins
que c'est avec ces sentiments de gratitude que les promeneurs, que nous
rencontrerons dans ce sentier, l'abor-
deront quand une fois déjà ils l'auront parcouru.

Après avoir appris à ceux qui pourraient l'ignorer, que l'obélisque, qui
décore le beau carrefour qui porte
son nom, fut construit sous le règne
de Louis XVI, qu'il était alors supporté
par quatre dauphins en bronze, que
sous le Consulat, menaçant ruiné, le
socle fut refait tel que nous le voyons;
que, sous l'Empire, un aigle doré en
couronnait le faîte, et qu'il est aujour-
d'hui en attendant qu'on le coiffe d'au-

tre chose, nous traverserons rapidement l'espace qui nous sépare du
mont Morillon. Nous suivrons, à cet
effet, une route droite, propre et nive-
lée, comme l'allée d'un parc, qui
s'offre à nous entre la route de Nemours et celle d'Orléans.

— Comme tout cela est changé!..
dit M. P., en aspirant avec sensualité
une prise de tabac. Il y a vingt-cinq
à trente ans, cette plaine, au milieu
de laquelle nous nous trouvons, et
que nous voyons aujourd'hui couverte
de pins, était une plaine aride, appelée le *Champ - Minette*, dont quelques buissons rachitiques seulement,
rompaient la fatigante monotonie.
Si nous étions encore à cette époque,
nous pourrions voir d'ici le *Polygone*,
où, sous l'Empire, les élèves de l'E-
cole militaire venaient faire l'exercice
du canon.

—Ils faisaient alors en petit ce que
bientôt ils seraient appelés à faire en

grand., reprit une jeune fille à la taille ramassée, aux formes rebondies, dont les couleurs vives et l'œil bleu vacillant annonçaient une de ces natures légères et impassibles, sur qui toute espèce d'émotion semble glisser comme une feuille sur l'onde, sans laisser la moindre trace de son passage.

— Il est de fait, reprit M. P. d'un air préoccupé, qu'à cette époque ils n'avaient guère le temps de faire de longues études.

En causant ainsi, nos deux promeneurs étaient arrivés au second carrefour que forme cette route avec toutes celles qu'elle rencontre; c'est-à-dire au pied du premier mamelon du mont Morillon, dont nous avons parlé plus haut, et à l'endroit où prend naissance le sentier que nous allons parcourir.

— De quel coté? dit la jeune fille d'un air indifférent.

— En face, répondit M. P. Ne

vois-tu pas cette flèche rouge sur ce
petit pin ? c'est une marque indicative.

— Ah ! c'est vrai !.. dit Laure, c'est
le nom de la jeune fille. Quoi ! mon oncle, nous allons gravir cette montagne,
ajouta-t-elle avec un petit air bou-
deur. Que voulez-vous voir par là ? Ce
que nous sommes fatigués de voir : des
rochers, des arbres, des arbres et des
rochers.

— Décidément, ma nièce, reprit
M. P. avec une inflexion de voix pénible, je désespère de toi : les belles
idées que j'avais conçues tombent une
à une, et bientôt, je le vois, il ne me
restera plus dans l'esprit que la déso-
lante conviction que j'ai cultivé jusqu'ici une âme aride et desséchée, dans
laquelle aucun germe n'est susptible de
se développer.

M. P. était un homme d'une quarantaine d'années ; sa taille, sans être
élevée, était bien proportionnée ; son
extérieur tout entier annonçait une

de ces natures de choix, dont nous
avons parlé plus haut. Aucun accident
de terrain, aucun aspect pittoresque ne
le trouvait froid et insensible; aussi,
quand il venait à Fontainebleau, sa-
vourait-il à longs traits les charmes
que la nature étalait à ses yeux. L'esprit d'observation était porté, chez cet
homme, à un tel degré, que la moindre roche, le moindre brin de bru-
yère, qui semblaient différer des autres, devenaient pour lui l'objet d'un
examen attentif et approfondi. Il nous
est facile maintenant de comprendre
la sortie assez vigoureuse qu'il fit contre sa nièce, jeune fille de vingt-deux
ans, qui l'accompagnait, en voyant
son indifférence en présence des beautés de la nature. Il ne pouvait se figurer, cet homme à l'âme impressionable,
il ne pouvait se figurer que sa nièce,
susceptible peut-être d'admirer des
beautés du même ordre dans un autre
pays, voyait avec le dégoût qu'inspire

la satiété, celles que chaque jour elle avait sous les yeux. Elle habitait depuis sa tendre enfance la ville de Fontainebleau ; c'était dans cette belle forêt que sa nourrice avait essayé ses premiers pas ; les premières perceptions de ses sens débiles eurent pour objet les arbres et les rochers ; tandis que lui, nouvellement arrivé dans cette ville, il était en-encore dans l'enthousiasme qu'inspire aux étrangers les beaux sites de sa forêt.

Mon oncle, vous êtes toujours le même, répondit Laure ; vous voudriez me voir m'extasier devant un arbre, devant une pierre. Je vous avoue franchement que je ne vois rien que de très naturel dans ces objets : un arbre est un arbre, qu'il soit planté sur tel ou tel terrain, que ses branches se courbent et se recourbent de telle ou telle manière, que son tronc soit lisse ou rabougri, c'est toujours un arbre, de même que je suis encore à me demander ce que vous trouvez de beau dans ces masses énormes de grès, qui, par leur élévation, et surtout par l'exiguité du point qui les rattache au sol, ou qui les unit entre elles, semblent plutôt faites pour effrayer que pour charmer la vue.

— Habitante de Fontainebleau ! murmura M. P. Voilà bien, continuat-il en lui-même, le langage du riche repu ; son cœur, son âme, ses sens blasés sur le luxe qui l'environne, il ne ressent plus rien des jouissances mêmes que lui prodigue la fortune ; il comprend encore bien moins les souffrances du pauvre ; et si parfois ses cris de détresse parviennent à percer les bruits joyeux dont il est étourdi, il ouvre des yeux ébahis, et reste tout étonné de trouver sur sa porte des gens qui aient encore faim quand il a bien dîné.

C'est en faisant ces réflexions que M. P., suivi de sa nièce, s'engagea dans un sémis de pins, déjà as-

sez élevé pour arrêter, à droite et à
gauche, leurs regards impatients, et les
forcer à parcourir de l'œil la pente
douce qui conduit au sommet de la
première partie du mont Morillon.

— Voyez donc, mon oncle, dit
Laure en s'arrêtant auprès d'une petite roche, voilà qui est curieux! ne
dirait-on pas un bénitier?

— C'est vrai... reprit l'oncle en
s'approchant. Ceci semble fait, ajouta-t-il, pour nous rappeler en entrant
dans son domaine, que la nature est
le temple admirable où le Créateur
s'offre le plus visiblement aux yeux
des hommes ; et en effet, c'est toujours
au milieu des beautés qu'il a semées
avec profusion sur la terre, que Dieu
s'est plu à se montrer aux mortels ;
c'est sur le mont Sinaï qu'il leur a
donné sa loi, c'est dans un buisson
ardent qu'il apparaît à Moïse, c'est
sur le mont Thabor que sa voix se
fait encore entendre. Nos temples,

quelles que soient leur grandeur,
leur richesse, sont si petits pour contenir la Divinité !

La petite roche, qui avait donné
à M. P. l'occasion de faire cette di-
gression, placée à mi-côte sur la
droite, et tout au bord du sentier, a
en effet la forme de ces vases en pierre
ou en marbre, où l'on conserve l'eau
bénite dans nos Églises, et, ce qui
complétait l'illusion, c'est que ce
vase naturel était rempli d'une eau
pure et limpide provenant sans doute
des dernières pluies.

Cette remarque de Laure, faisant
diversion à l'insouciance quelle avait
jusqu'ici montrée pour les objets qui
l'entouraient, surprit agréablement
son oncle ; elle fit renaître en lui un
espoir que, comme nous l'avons dit,
il avait presque perdu, celui de réveiller dans l'âme de cette jeune fille
ce sentiment exquis, cette perception
délicate des moindres impressions, qui

sont le plus bel apanage de la femme.

C'est en caressant cette idée conso-
lante que M. P., toujours suivi de sa
nièce, continua son ascension vers le
sommet de la montagne. Arrivés là,
ils s'arrêtèrent un instant pour se
reposer. Ils étaient à peine assis sur
le gazon, qu'un léger bruit attira
leur attention.

—Ecoutez donc, mon oncle, dit la
jeune fille en retenant sa respiration.
N'entendez-vous pas ?.... on dirait le
bruit de petites branches sèches que
l'on casse....

Et, poussée par un sentiment de
curiosité, elle se leva doucement, et
porta ses regards dans la direction de
la roche, qui, en ce lieu, se trouve sur
la droite du sentier. Quelque léger
qu'il fût, son mouvement fut sans
doute remarqué, car l'espèce de frois-
sement, que l'on entendait très dis-
tinctement, cessa tout-à-coup, et quelle fut la surprise de la jeune fille,

quand, à un nouveau mouvement
quelle fit, elle vit s'élancer avec la
rapidité de l'éclair, sur les arbres
qui avoisinent cette roche, quatre ou
cinq jolis petits écureuils qui, effrayés
sans doute de l'apparition de nos
promeneurs, avaient abandonné le
repas que probablement ils faisaient
en famille.

— Oh! voyez donc comme ils sont
jolis! dit Laure.

— Et légers! reprit l'oncle.

— Trop légers! ajouta la jeune fille;
il serait bien difficile de les saisir!..

Quittant alors le sentier, ils se dirigèrent du côté d'où ils avaient vu
s'élancer, légers comme des oiseaux,
ces jolis petits animaux.

Dans une petite excavation, formée
par la réunion de plusieurs roches,
et que leur cachait un énorme bloc,
percé de trous assez remarquables,
qu'ils venaient de tourner, ils trouvèrent une grande quantité de cônes de

pin, entièrement dépouillés de leurs
écailles, et, connaissant le goût parti-
culier de l'écureuil pour les graines
qu'ils renferment, ils appelèrent cet
endroit *la Table des Écureuils.*

Après avoir suivi un instant de l'œil
l'espèce de voltige qu'exécutaient
d'une branche à l'autre ces petits
hôtes des bois, ils revinrent sur leurs
pas, traversèrent le sentier, et se dirigèrent vers le groupe de rochers qui
se trouve en face, afin de l'examiner
de plus près. Ils venaient de tourner
par derrière, quand M. P., debout sur
un bloc, qui gisait au pied de la plus
grosse masse :

— Tiens, Laure, dit-il, viens donc
voir cette roche; ne dirait-on pas une
femme couchée, dont les jambes sont
enfouies ?... Son attitude parait-être
celle de la prière.

— En effet, reprit la nièce, qui était
accourue, cette masse ronde forme
bien la tête; ces deux parties saillan-

tes dessinent assez bien les épaules,
et ce gonflement sur la poitrine paraît
bien être formé par deux mains join-
tes. On rencontre quelque chose,
d'à peu près semblable dans les tombeaux anciens.

— C'est sans doute pour cela, reprit
l'oncle, qu'on nomme ce groupe le
Mausolée.

Après avoir examiné à loisir cette
bizarrerie de la nature, Laure et son
oncle regagnèrent le sentier, et, descendant rapidement le versant opposé
de la montagne, où rien de curieux
n'attira leur attention, ils arrivèrent
au carrefour qui se trouve au milieu
de l'espèce de baie formée par les
deux pointes du mont Morillon.

—Mon oncle, voici encore une petite
flèche rouge, fit Laure en désignant
un arbre sur lequel en effet se trouvait cette marque.

— Elle nous indique qu'il faut entrer ici, reprit M. P. Du reste, ajou-

ta-t-il, il n'y a pas à se tromper, le sentier est assez visible.

En achevant ces paroles, M. P., précédé de sa nièce, entra dans le sentier qui traverse, en cet endroit, un épais massif de jeunes pins, de genévriers, de mélèzes et d'épicéas, dont la verdure sombre invite l'âme à de mélancoliques réflexions.

Ils n'avaient pas fait cent cinquante pas sous ce berceau, que les branches entrelacées formaient naturellement au-dessus de leur tête, quand l'attention de la jeune fille fut attirée vers une petite clairière de forme circulaire ayant à peine trois mètres de circonférence.

— Voyez, mon oncle, le joli petit endroit! dit Laure en se tournant vers M. P., qui était de quelques pas derrière elle.

— Que la nature est une habile ouvrière! dit ce dernier en entrant dans ce petit cabinet de verdure; quel-

le est la main d'homme qui pourrait
disposer avec une aussi gracieuse sim-
plicité ces arbres, ces plantes grimpantes qui les enlacent de leurs plis
ondoyants!.... L'herbe même, qui
couvre le sol, a le cachet de cette
beauté sauvage qui ravit l'œil du véritable artiste!.... Assurément, un
homme religieux de l'antiquité n'aurait pas passé devant cette délicieuse
retraite sans y voir Diane chasseresse
au repos, ou au moins l'une des
Dryades dotée par elle de l'empire
de cette partie de la forêt.

Nos promeneurs ne s'arrachèrent
qu'avec peine de ce charmant asile, et
résolurent de lui donner le nom de
Retraite de Diane.

Revenant alors au sentier, ils mon-
tèrent en conversant jusqu'au plateau
bordé, comme d'un ruban d'argent,
d'une jolie route cavalière, qui couronne le sommet de cette seconde
montagne.

— Voila quelqu'un.... Je crois que
c'est un prêtre, fit la jeune fille en
inclinant sa tête pour voir par dessous
les branches qui leur cachaient encore
le bord du plateau. Je ne me trompe
pas, ajouta-t-elle, c'est bien un ecclésiastique.

En effet, après avoir fait quelques
pas, M. P. ne fut pas long-temps
sans reconnaître M. l'abbé M., chapelain du palais de Fontainebleau.
Il y avait quarante cinq ans qu'il
occupait ce poste. Les années, en tom-
bant sur sa tête, l'avaient presque
entièrement dépouillée d'une belle
chevelure noire, qui long-temps en
avait fait la parure ; il ne lui en restait plus qu'une légère couronne dont
la blancheur le disputait à celle de
la neige. Sa figure vénérable, quoique
pâlie et amaigrie par les infirmités,
compagnes naturelles de son âge avancé, reflettait, comme un miroir fidèle,
la sérénité de l'âme de ce digne vieil-

lard. Chaque jour de sa vie avait été
marqué par une bonne action : aussi
ce souvenir, paradis anticipé, rem-
plissait-il son cœur d'ineffables consola-
tions. Hôte constant du palais de Fontainebleau depuis l'année 1805, il avait
été à même de juger des phases diver-
ses que peut subir l'existence des
hommes les plus riches, les plus puis-
sants, les plus respectés. Il avait vu
le premier chef de l'Eglise chrétienne
amené triomphalement dans cette
demeure royale; plus tard, il l'avait
vu captif dans ces appartements mêmes, où, quelques années auparavant,
il lui était permis de commander en
maître. Il s'était formé aux leçons de
ces vicissitudes humaines. Aussi, si
comme homme, son cœur s'était ouvert à la compassion, s'il avait gémi
sur les malheurs qui accablaient un
de ses frères en la personne du souverain Pontife, comme prêtre, il aurait pu
se consoler s'il eût reconnu que ce

n'était pas le vicaire de J.-C. sur la terre, le chef de la chrétienté, qu'il voyait prisonnier dans les murs de Fontainebleau ; mais seulement le roi de Rome. Tant de fois déjà, dans le cours de sa longue carrière, il avait vu la main de la justice divine s'appesantir sur les rois, qu'il ne pouvait plus croire à la légitimité de leur puissance ; et quelquefois, dans le calme de sa conscience, après avoir jeté loin de lui tout intérêt humain, il se prenait à se demander s'il était bien dans l'esprit du christianisme que le représentant d'un Dieu, dont le royaume n'est pas de ce monde, qui s'arracha à la foule enthousiaste qui, en descendant de la montagne, voulait le proclamer roi, eût revêtu la pourpre royale.

Ce digne ecclésiastique se considérait lui-même, comme il le disait, sous deux points de vue différents : comme homme et comme prêtre. Comme homme, il se soumettait humblement à tou-

tes les exigences de notre misérable
nature humaine; mais comme il comprenait bien sa dignité de prêtre!...

Le prêtre, disait-il, se trouve placé
entre Dieu et le monde, comme l'an-
neau mystérieux qui rattache le ciel à
la terre; sa voie est tracée dans ce milieu sublime où son divin maître, son
admirable modèle expira. Il ne doit
ni se trop rapprocher de la Divinité,
en oubliant le monde, ni se trop
rapprocher du monde en oubliant la
Divinité; mais il doit, tout en restant
constamment sous les yeux de Dieu,
en y rapportant tout le mérite de ses
actions, avoir le regard constamment
aussi tourné vers la terre, afin de ré-
pandre sur les plaies des mortels le
baume salutaire dont le Père du genre humain l'a fait le canal dispensateur.
Malheur à lui si, se rapprochant trop
des hommes, il se mêle à leurs querel-
les politiques, à leurs discussions gou-
vernementales; l'auréole brillante,

dont le sacerdoce couronnait son front,
s'évanouït; cet aimant invisible, qui
lui attirait les cœurs, perd insensiblement de sa force, et, ange tombé du
ciel, bientôt il n'est plus qu'un homme.

Voilà comment il comprenait son
saint ministère; aussi s'était-il mérité
dans la ville la réputation d'homme de
bien et de modèle des prêtres.

M. P. qui, pendant sa jeunesse,
avait habité la ville de Fontainebleau,
n'eut pas de peine à reconnaître ce bon
ecclesiastique, malgré les ravages que
le temps avait exercés sur sa personne.
Il n'en fut pas de même de M l'abbé M.;
la longue absence de M. P., que
pourtant il avait bien connu dans
son enfance; les mutations qui s'o-
pèrent dans un homme, entre la jeunesse et l'âge mûr, lui avaient entièrement enlevé ses traits de la mémoire.

— M. l'abbé, je vous salue, fit
M. P. en abordant le vénérable
prêtre.

Une salutation gracieuse, accompagnée d'un sourire affable, fut la réponse du vieillard.

—Monsieur l'abbé vient sans doute, comme nous, ajouta M. P., admirer les merveilles, qu'au moyen de ce sentier, un courageux ouvrier, dit-on, a semées sous nos pas.

— Je n'ai pas attendu jusqu'à ce jour, Monsieur, répondit le bon chapelain, pour payer à ce brave homme le tribut d'admiration et de reconnaissance qui sera, je crois, son unique salaire; une autre pensée m'a conduit en ces lieux. Il y a aujourd'hui quarante ans, Monsieur, que j'ai été témoin, sur ce petit banc de gazon, sur lequel vous me voyez assis, d'une des douleurs les plus poignantes qui puissent déchirer le cœur d'une femme.

C'était aux premiers jours d'automne en 1809. La cour impériale séjournait à Fontainebleau. Bonaparte venait de signifier officiellement à l'impératrice

Joséphine, sa femme, l'arrêt de son divorce. Cette femme courageuse, quoique préparée depuis long-temps à ce fatal événement, n'avait pu cependant supporter sans chanceler les paroles de cet arrêt, qui tombèrent une à une, comme des gouttes de plomb fondu, sur son cœur d'épouse. Ses yeux ne versèrent point de larmes; la source en était tarie; mais aux mouvements nerveux qui l'agitaient, à la morne fixité de ses regards, naguère si bienveillants, on devinait une douleur sourde, concentrée, qui devait éclater en sanglots à la première occasion qu'elle rencontrerait d'être seule avec elle-même. L'empereur, épuisé lui-même par l'effort qu'il dut faire pour vaincre son cœur, ordonna, pour faire diversion aux idées pénibles qui l'agitaient, autant que pour distraire l'Impératrice, une chasse des plus brillantes. Des sangliers avaient été rabattus dans la partie de forêt,

3

qui avoisine le carrefour de la croix
de Saint-Hérem, sur la route de Nemours; c'est là que devait se rendre
la chasse. Jamais, en effet, les habitants
de Fontainebleau ne virent la cour
impériale, si brillante d'ailleurs, déployer plus de luxe et de magnificence
que ce jour là. Les guides de l'empereur, avec leur riche et éclatant
uniforme, les officiers de la cour et
de la garnison, les invités de la ville,
les piqueurs, tous en grande tenue
de chasse, défilèrent dans la grande
cour, qui depuis prit le nom de Cour
des Adieux.

L'empereur montait, ce jour là, un
petit cheval gris pommelé; il avait à ses
côtés l'impératrice Joséphine. A un signal donné, on se mit en marche en se
dirigeant vers la route de Nemours, où,
comme je vous l'ai dit tout-à l'heure,
se trouvait le rendez--vous de la
chasse.

Moi, entraîné par un sentiment de

curiosité naturel à l'homme, je me
dirigeai en toute hâte de ce côté. J'é-
tais alors plus ingambe qu'aujour-
d'hui, je n'avais que quarante ans.
J'avais l'espoir que la chasse, à son retour, passerait dans ces parages. Il y
avait à peine une demi-heure que
j'attendais là, en lisant mon office,
quand le bruit sourd et mesuré du
pas d'un cheval sur le gazon me fit
retourner. Que vois-je ! l'impératrice !... Joséphine elle-même, qui,
égarée sans doute volontairement,
arrivait par ce plateau. A ma vue, un
mouvement de dépit sembla contrac-
ter son visage, et même ces paroles
vinrent frapper mon oreille : « Tout
« me fuit, même la solitude.

Effrayé de l'attitude désespérée de
l'Impératrice, du bouleversement de
ses traits, que j'avais toujours vus si
calmes, si gracieux, je m'avançai à sa
rencontre.

— Ah ! c'est vous, monsieur, me dit

elle, je ne vous avais pas reconnu d'abord ; je vous prenais pour un étranger !... Soyez le bien venu ; je suis heureuse de vous rencontrer.

A ces mots, elle sauta legèrement de son cheval, j'en passai la bride dans un crochet formé par une branche cassée de cet arbre, et, relevant les longs plis de son amazone de velours vert, soutachée d'or et de soie, elle s'assit sur ce banc.

— Monsieur l'abbé, me dit-elle alors, il est des douleurs que le cœur le plus vaste ne saurait contenir ! Vous connaissez, malheureusement ce n'est plus un mystère pour personne, vous connaissez le coup qui m'accable !...

— Hélas ! oui, répondis-je avec un indicible serrement de cœur, et ma voix glacée ne put en dire davantage; la douleur muette peinte sur la figure de cette femme avait pétrifié ma langue; mes oreilles seules purent entendre les sanglots qui accompagnèrent ces paroles.

— Ah ! Monsieur, puisque vous êtes prêtre , vous devez me comprendre ; votre mission est de porter la consolation dans les cœurs affligés.

A cet appel d'une femme en pleurs, toute la grandeur du sacerdoce apparut à mes yeux, et jetant à mes pieds toutes ces faiblesses, toutes ces terreurs , appanage du cœur humain, j'oubliai ma qualité d'homme pour ne plus voir que ma qualité de prêtre.

— Ecoutez, poursuivit-elle, quand je retrace à mes yeux affaiblis et voilés par les larmes que je verse en secret depuis le jour fatal où, pour la première fois, j'entrevis le sort cruel qui m'était réservé, quand je retrace, dis-je, à mes yeux ces heureuses années où il m'aimait si tendrement, quand je me rappelle les expressions de cette parole si douce et si affectueuse, et que je les compare à la froideur, à l'impassible fermeté avec laquelle il commande à son esprit et à son cœur,

mon âme se brise et s'anéantit de douleur.... Qu'ai-je fait pour m'enlever
son affection?.... Je le sais, hélas!...
la raison d'état.... l'empire.... l'empire, ce mot qui m'a toujours effrayée,
l'empire veut un héritier, et je ne
puis être mère!!!... Oh! que n'ai-je
gardé mes habits de deuil jusqu'au
dernier jour de ma vie, plutôt que
de les échanger contre cette pourpre
royale, robe de Déjanire, qui me
brûle et me dévore!.... Que n'ai-je
conservé mon cœur pur de toutes affections, autres que celles de mon
Eugène et de mon Hortense!.... Mais
cette pourpre.... quand je lui donnai
et mon cœur et ma main, il ne l'avait
point encore revêtue... il était même
loin d'y songer!.... O mon Dieu!
vous, pour qui l'avenir n'a point de
mystères, il fallait retenir ma main
lorsqu'elle allait se placer dans la
sienne.... il fallait glacer ma langue
sur mes lèvres quand elle prononça

la parole fatale qui devait me coûter tant de larmes!!!... Ah! si vous pouviez comprendre, Monsieur, tout ce qui se passe au fond de mon âme! si vous pouviez sentir un seul instant dans quelle peine, dans quelle humiliation je suis plongée!!!..... Malheureux soit à jamais le jour où je quittai la tombe de mon premier époux!!!... Pourquoi, née dans l'obscurité, ma vie ne s'est elle pas écoulée paisiblement et sans regrets?... Loin du tumulte et de l'éclat des cours, j'aurais vécu heureuse; aujourd'hui je pourrais mourir inconnue!...

— Est-ce bien vous, madame, est-ce bien vous qui laissez paraître une pareille faiblesse? Elle est indigne de votre rang, encore plus de votre vertu! C'est quand le vent de l'adversité souffle avec plus de violence que nous devons faire plus d'efforts pour nous soutenir. Si vous ne régnez plus en réalité, votre souvenir, celui de vos bien-

faits régneront éternellement sur les
cœurs. Vous devez penser en ce moment, que vous avez des enfants. La
France un jour, se rappelant les souffrances que vous avez endurées pour
elle, les appellera peut-être aux em-
plois les plus honorables. Et qui sait
si la Providence ne donnera pas aux
enfants de la seule femme légitime de
l'Empereur, l'héritage qu'il s'obstine
aveuglément à transporter dans une
autre famille?... Cet homme, que Dieu
a jeté dans le monde pour saper les
fondements des trônes antiques, ange
exterminateur des rois, il veut aujour-
d'hui en créer d'autres; il s'allie à leur
sang, il pactise avec les ennemis des
peuples, qu'il a mission de châtier.
Dieu l'en punira... Courage, madame !

Ces quelques paroles, qui sont toujours restées présentes à ma mémoire,
m'ont parues venir du ciel; car à l'aspect de cette douleur respectable, je
me suis souvenu que j'étais le prêtre

du Seigneur, dont le royaume est au-
dessus de tous les prétendus royaumes
de la terre, car lui seul est roi ; et, ani-
mé d'une inspiration subite, j'allais
continuer, quand le son du cor se fit
entendre à quelque distance de nous.
L'impératrice sécha ses yeux baignés
de pleurs, remonta précipitamment
sur son cheval, et se dirigea au pas vers
la chasse, qui s'approchait de ce côté.

Les joues du vieillard, qui, durant
ce récit, s'étaient colorées des teintes
roses de la jeunesse, reprirent leur
mate pâleur ; il essuya son visage,
qu'une sueur abondante avait inondé ;
et, après avoir pris gracieusement
congé de ses auditeurs, il se disposa
à regagner le pied de la montagne,
où l'attendait une petite voiture de
louage, dont il se servait habituellement pour faire de temps à autre une
promenade en forêt.

Monsieur P. et sa nièce, que le discours du chapelain avait profondément

émus, ne jugeant pas à propos de
pousser plus loin leur promenade
pour ce jour, redescendirent, par le
sentier, au carrefour qu'ils avaient
traversé en venant; puis, prenant une
allée à gauche, ils arrivèrent sur la route
d'Orléans. Et, se promettant bien de partir de meilleure heure le lendemain, ils
regagnèrent la ville de Fontainebleau.

II.

DEUXIÈME JOURNÉE.

———

Le lendemain le soleil s'était levé brillant et radieux. Quelques nuages, comme on en voit aux premiers jours d'automne, avaient bien un instant pâli ses rayons; mais la brise du matin, les chassant devant elle, lui avait rendu toute sa splendeur. Sept heures venaient de sonner à l'horloge du Palais; la ville paresseuse de Fontainebleau reprenait insensiblement son aspect monotone de chaque jour; quelques ouvriers, perdus dans la vaste lar-

geur des rues, regagnaient lentement
leurs ateliers. Tout-à-coup le bruit de
fanfares guerrières et les sons éclatants
d'une musique militaire, composée
exclusivement d'instruments de cuivre,
réveillèrent les marchands, encore en-
dormis derrière les volets fermés de
leurs boutiques. Les bons bourgeois
ouvrirent leurs fenêtres avec effroi, se
demandant l'un à l'autre ce que signi-
fiait ce bruit.

C'est le régiment de Melun, dit une
voix, qui vient se joindre à celui de
Fontainebleau pour faire une grande
manœuvre.

Monsieur P., qui, comme ses voisins,
était accouru en toute hâte à sa fenêtre,
s'empressa de s'habiller, puis, réveil-
lant sa nièce, que la petite fatigue provenant de la promenade de la veille,
tenait encore endormie, malgré les
bruyants éclats des instruments qui
se faisaient entendre en ce moment
sous ses fenêtres, il l'engagea à hâter sa

toilette, afin d'arriver assez tôt pour
voir la grande manœuvre qui allait
avoir lieu dans la vaste plaine qui
s'étend au pied du mont Morillon et
du Rocher des Demoiselles.

— Laure, hâte-toi, mon enfant, dit
M. P. à sa nièce, qui déjà était à sa
toilette; cette rencontre est on ne
peut plus favorable. Après la manœuvre, nous pourrons continuer
notre promenade dans le sentier Bournet.

La jeune fille ne se fit pas longtemps
attendre; et, après avoir fait une petite
provision de vivres qu'elle plaça avec
soin dans un de ces paniers en paille
que l'on appelle cabas, ils se mirent
en marche à la suite du régiment de
Fontainebleau, qui en ce moment tra-
versait, aussi musique en tête, la place
de Ferrare. Une foule d'hommes, de
femmes, d'enfants, attirés par la nou-
veauté de ce spectacle, se joignirent à
eux, et tous, soldats et bourgeois, se

dirigèrent vers la route d'Orléans, sur laquelle se trouve cette immense plaine dont nous avons parlé plus haut, et que l'on appelle le Champ de Manœuvre.

Nos promeneurs arrivés à la hauteur de l'allée par laquelle ils étaient revenus la veille :

— Mon oncle, dit Laure, j'ai remarqué hier, après le départ du bon ecclésiastique, un endroit sur le plateau de cette montagne d'où l'on domine parfaitement le Champ de Manœuvre ; je le reconnaîtrai facilement aux trois beaux hêtres sortant d'une même souche, qui y croissent entièrement isolés.

— Qui nous empêche d'y aller ? reprit l'oncle : et sans plus d'explication, ils traversèrent l'allée, arrivèrent au carrefour, et pour la troisième fois depuis la veille, ils parcoururent la partie du sentier dont nous avons fait la description. Ils furent bientôt arrivés au pied des trois hêtres désignés par la jeune fille, et que l'on nomme les *Trois Horaces.*

Ils arrivèrent assez tôt pour prendre possession d'un petit banc de gazon qui se trouve au pied de ces trois arbres, et que leur épais feuillage protége contre les ardeurs du soleil. Ils y étaient à peine assis, qu'ils virent arriver en tous sens la foule d'hommes, de femmes et d'enfants, qui, comme eux, avaient suivi les régiments pour jouir du spectacle de ces grands exercices militaires

Laure ne s'était pas trompée, en désignant cet endroit du mont Morillon, comme le plus favorable pour juger et de l'ensemble et des détails des évolutions qui allaient avoir lieu. L'œil, en effet, embrasse de ce point cette vaste plaine de sable que les teintes prismées de blanc et d'or auraient pu faire prendre au myope pour un vaste champ de blé dont les épis jaunissants n'attendent plus que

la faucille du moissonneur. Depuis la
longue file d'arbres, à la tête verdoyante, qui borde la route d'Orléans,
qui la borne d'un côté jusqu'au pied
du rocher des demoiselles, qui la borne de l'autre, pas un centimètre de
terrain n'échappait à la vue. Ceci
nous explique l'affluence des curieux
dans cet endroit.

Cependant, les deux régiments
étaient déjà en présence. Les chefs
d'escadrons et quelques capitaines
s'étaient réunis à l'entrée du terrain
de manœuvre, avaient mis pied à
terre, et causaient, sans doute en
attendant l'arrivée du général qui
devait passer en revue les deux régiments. Ils ne restèrent pas longtemps à
attendre; à l'air empressé avec lequel
ils remontèrent à cheval, à la rapidité de leur course, pour gagner chacun leur rang de bataille, on pouvait
supposer que le général n'était pas
éloigné. En effet, ils étaient à peine

rendus à leur poste, que le lieutenant-
colonel du régiment de Melun, suivi
d'un trompette d'ordonnance, apparut entre les arbres qui bordent la route,
et vint au galop de son cheval se placer au centre.

— Garde à vous ! cria-t-il de toute la
force de ses poumons, sabre main !

—Sabre main! répétèrent en chœur
les chefs d'escadrons des deux régiments.

L'écho des rochers répétait encore
ce commandement, et déjà les sabres,
polis comme une glace, brillants
comme les rayons du soleil qui dar-
daient dessus, avaient décrit dans l'air
une courbe rapide, et étaient venus se
placer, en mesure, à l'épaule droite
de chaque cavalier.

A droite alignement! cria encore
le lieutenant-colonel.

— A droite alignement ! répétèrent
de nouveau les chefs subalternes.

A l'instant, comme mue par une

4

puissance électrique, toutes les têtes
firent un faible mouvement de gauche
à droite. Un léger trépignement é-
branla soudain les colonnes.

—Fixe! clama alors le commandant
en chef.

—Fixe! répétèrent de nouveau les
chefs d'escadrons.

L'immobilité la plus complète
régna alors dans les rangs. Au même
instant les fanfares annoncèrent l'arrivée du général. Il parut, en effet,
accompagné des deux colonels et de
quelques officiers d'état-major. Après
avoir militairement porté la main à
son chapeau, il adressa quelques
mots à l'un des colonels, qui fit aussitôt signe d'approcher, à un trompette qui les suivait; ce dernier, lançant son cheval au galop, aborda, la
main à la visière de son casque, le
lieutenant-colonel qui commandait,
lui donna l'ordre, puis retourna
prendre la place qu'il avait quittée.

— En arrière ouvrez vos rangs....
marche !.. cria lentement le chef.

— Marche !.. répétèrent tous ensemble les autres chefs.

Le second rang alors s'ébranla, et
se portant à une distance de quelques
mètres du premier, il attendit, toujours au port d'armes, que le général
eut passé la revue. Pendant tout le
temps que dura cette revue, les deux
musiques rivalisant de zèle, exécutè-
rent alternativement les plus beaux
morceaux du répertoire militaire.
Enfin la revue était achevée et le général, toujours accompagné des colonels, alla se placer à l'extrémité du
terrain de manœuvre. Probablement
que le vent, qui jusqu'ici avait
apporté aux spectateurs, placés sur le
sommet du mont Morillon, les com-
mandements d'une manière très dis-
tincte, avait changé tout à coup de
direction; car ils virent le second rang
se rapprocher du premier, sans avoir

rien entendu qui pût expliquer ce
mouvement. Presqu'aussitôt les escadrons s'ébranlèrent, les pelotons se
formèrent, alors commença une série
de manœuvres qui charmèrent les
yeux émerveillés des mille spectateurs qui étaient accourus de la ville.
Bientôt un nuage de poussière enveloppa les chevaux et les hommes, et
nos promeneurs et leurs compagnons
n'entendirent plus que le bruit de la
musique, dont les sons mâles et éni-
vrants faisaient bondir un jeune
homme qui se trouvait placé à côté
de M. P.

Dieu! qué c'est beau! répétait ce
jeune homme avec enthousiasme, que
c'est beau! Voyez ces officiers, comme
ils sont fiers sur leurs beaux coursiers!
Voyez comme les chevaux mêmes
semblent impatients de dévorer l'espace qui les sépare de ceux que
leurs cavaliers sont convenus d'ap-
peler l'ennemi!...

Cependant la grande manœuvre touchait à son terme; déjà les trompettes avaient sonné le ralliement; de tous les points de la plaine les cavaliers, placés en vedette ou en observation, venaient reprendre leur rang de bataille.

Quel ravissant spectacle que celui d'une grande manœuvre militaire! dit encore le jeune homme.

— Sans doute, reprit M. P., quand on est à votre âge, un cœur de jeune homme bondit quand les sons mâles et éclatants de la trompette guerrière viennent l'émouvoir, quand les brillantes couleurs des uniformes des divers bataillons l'enivrent; mais, mon ami, quand le plomb des années est venu faire contrepoids à la légèreté d'une imagination trop vive; quand l'expérience, ce guide salutaire et éclairé de l'âge mûr, est venue par sa réalité, refroidir les élans d'un cœur trop généreux, oh! alors les idées ne sont plus les mêmes. J'ai vu la guerre,

moi, jeune homme, quand j'entrai
dans la carrière militaire, comme vous
je bondissais aux récits „ aux images
des combats; mais quand j'eus entendu les cris et les plaintes des mou-
rants, quand j'eus vus les villages
brûlés , les moissons renversées, et
puis ces hommes dont les flancs sont
ouverts, les os dislosqués, les membres
arrachés, les flots de sang qui sortent
de leurs blessures; quand je les eus
vus expirant dans la mare qu'ils ont
fournie de leurs vaines déchirées, oh!
alors je me suis demandé si la guerre
était dans les lois de la nature, et une
voix intérieure m'a répondu : Non...
la guerre a pris naissance avec le despotisme, et c'est parce que l'homme a voulu anticiper sur les droits de l'homme,
que l'un des deux a dû être le plus fort.
Réunissons sur un champ de bataille,
auprès de ce jeune soldat au front
pâle, à la chevelure souillée de sang et
de poussière, aux traits horiblement

contractés par la douleur, réunissons,
dis-je, les soins , les inquiétudes dé-
chirantes d'une mère désolée, dont
la tendre sollicitude couvait de l'œil ,
en quelque sorte, le seul fils qu'elle
éleva péniblement jusqu'à ce jour.
Rappelons à notre esprit les attentions
délicates , les amoureuses caresses ,
dont elle enveloppa son enfance ; voyons là, la figure radieuse d'espérance,
suivre ses premiers pas , et jugeons de
ses angoisses à la vue de son fils mori-
bond , victime immolée à quoi !....
Le plus souvent à l'amour-propre ,
à l'ambition, quand ce n'est pas aux
caprices des rois !.... Réunissons encore sur ce champ de mort et de car-
nage les tendres caresses d'une épouse,
la sainte et profonde amitié d'une sœur,
d'une amie ; amenons y les regrets
cuissants d'un frère , la douleur sombre d'un père. Tous ces souvenirs,
hélas ! sont là voltigeant aux yeux mo-
ribonds de ce pauvre jeune homme

blessé à mort. Où sont en ce moment
les rêves de gloire, d'avenir?... Odieu-
ses chimères! elles ont disparu avec
la fumée du combat. Dites, jeune
homme, avez-vous pensé à cela quand
tout-à-l'heure, dans cette plaine étin-
celante au soleil, que nous avons à
nos pieds, vous avez vu se déployer
ces escadrons qu'un infernal génie
semble animer et pousser au combat.
Ceci n'est qu'un simulacre, et cependant vous avez frémi au choc de ces
groupes armés, qui se rencontrent
et semblent vouloir s'entre-dévorer.
Qu'est-ce donc, je vous le demande, qui
peut attiser cette haine féroce entre
deux soldats qui, pour la plupart du
temps, sont frères, compatriotes,
amis, et qui presque toujours n'ont
que des raisons de s'entr'aimer? Que
sont-ils donc, ces hommes dont ils
servent si aveuglement les passions
égoïstes?.... Leurs bourreaux.... le
jour d'une bataille, ils jettent leurs

cadavres en marchepied à leur orgueil,
à la gloire de leur nom.... Réfléchis-
sez maintenant, jeune homme, et
dites-moi, en voyant cette mère désespérée, cette épouse inconsolable,
ce père à la douleur sourde, ce frère,
cette sœur en pleurs, tous, hommes,
femmes, gémir sur les suites funes-
tes de cette cruelle invention des gou-
vernants, dites-moi si la guerre est
inscrite au code de la nature?...

Le jeune homme, atterré par l'ef-
frayante vérité de ce tableau, balbu-
tia quelques paroles d'assentiment,
et voyant s'éloigner les personnes avec
qui il était venu, descendit avec elles
la pente du mont Morillon pour regagner la route d'Orléans, que repre-
naient en ce moment les deux régiments couverts de sueur et de poussière.

M. P. et sa nièce, de leur côté,
quittèrent le banc de gazon sur lequel ils étaient assis, et continuèrent

5

leur promenade en suivant le bord
du plateau.

— Voyez donc le beau hêtre, mon
oncle, dit la jeune fille en s'arrêtant ;
quelle belle tête verte ! Ne dirait-on
pas une émeraude placée sur la couronne de cette montagne.

— C'est, à ce qu'il paraît, répondit
M. P., le nom que lui a donné l'homme qui nous a procuré le moyen d'arriver dans ces lieux autrement que
par les routes escarpées et fatigantes
qui y conduisent. Vois, son nom est
écrit dessus : le *Diamant de la Couronne*.
Il paraît qu'il est bien nommé, puisque, sans le savoir, tu viens de rati-
fier ce nom.

L'idée de la jeune fille était on ne
peut plus juste ; ce beau hêtre dont
le tronc était lisse et droit comme les
mats d'une frégate, était couronné
par la plus belle boule de verdure que
l'on puisse rencontrer. La société de
son oncle, et les beautés réelles qui

semblaient se disputer l'honneur de
s'offrir les premières aux yeux de Laure,
avaient, comme nous pouvons le
voir, commencé à réveiller dans l'esprit de cette jeune fille, cette poésie
suave, partage exclusif de la femme.
Cette âme tendre, sensible, que son
séjour dans un milieu corrompu avait
enveloppée d'idées matérielles, commença à se révéler, à la grande satisfac-
tion de son oncle, qui l'aimait comme
un père, et qui était désespéré de lui
voir un cœur de glace en présence de
tant de merveilles.

— Et que penses-tu de cette vallée ?
ajouta M. P.

— Ravisante ! répondit Laure.

En effet, de ce point la vue se repose
agréablement sur un lac de feuilles
glorieuses de la verdure vive d'une
vigoureuse végétation, et nuancées de
toutes les teintes qui appartiennent
à la variété du sol, où croissent les
arbres divers qui composent cette par-

tic de forêt. Le chêne, avec sa cîme
verdoyante, le hêtre à l'épais feuillage,
entrelaçant leurs branches supérieures,
semblent former un beau tapis de verdure, qui s'étendant vers le sud, borne
l'horizon en se confondant avec les
nuages, comme les vagues et le firmament semblent se joindre à la base de
la voûte du ciel. A gauche, par un de
ces bizarres caprices de la nature, au
milieu de ces géants de la forêt, une
petite clairière permet à quelques arbres de classe inférieure d'élever leur
tête vers le ciel, et de humer les sa-
voureuses haleines des zéphirs er-
rants à la surface de ces toits de verdure, telle, au milieu des sociétés,
on voit quelques intelligences privi-
ligiées, oubliées de l'aveugle fortune,
percer la masse compacte d'obstacles
qui encombrent pour elles la carrière
de la gloire, pour se placer au nivau de
ceux qui lui en avaient fermé toutes les
entrées. Du nombre de ces arbres se

trouvent le bouleau, dont les branches timides s'inclinent humblement
vers la terre, le baguenaudier, les ver-
doyantes touffes de houx, et plusieurs
autres ressemblant, par leur attitude,
à ce qu'on appelle le vulgaire, jeté par
les circonstances dans la société des
grands de la terre.

— Ah! voici l'entrée du sentier,
s'écria Laure; comme ses sinuosités
ménagent bien la pente! Quoiqu'on
descende une haute montagne, on
semble marcher à plat chemin. Et
puis, voyez donc comme l'œil se
promène agréablement au milieu des
tiges droites et polies de ces petits
arbres verts.

— Le talent de l'ingénieur habile,
reprit M. P., en répondant à la première observation de sa nièce, consiste
à faire disparaître, autant que possible, sous les pas du voyageur, les dif-
férences de terrain. Cet art, du reste,
est porté, de nos jours, au dernier

degré; les chemins de fer nous en
fournissent la preuve.

En conversant ainsi ils arrivèrent
au fond de la gorge, et traversèrent
une petite route cavalière que le sentier divise en deux parties. Arrivés à
quelques pas au-dessus de cette
route:

— Tiens!.... cette roche!... dit la
jeune fille. Quelle singulière forme!....

— On dirait l'empreinte d'un énorme pied, reprit M. P. en s'approchant.

— C'est peut-être celui du Juif
errant, dit Laure en jettant un éclat
de rire, car depuis qu'il voyage il a
dû poser le pied dans bien des endroits...

Cette saillie de la jeune fille fit
sourire agréablement M. P. Ils continuèrent leur promenade, mais en
jetant à droite et à gauche leurs
regards, plusieurs pins dont la

partie supérieure était plus grosse que
la partie inférieure, bientôt attirèrent
leur attention.

— Pourquoi cette différence, mon
oncle, entre les deux parties du tronc
de cet arbre? On dirait qu'une ligature a été faite ici, qui a empêché la
partie inférieure de se développer ; et
Laure, en prononçant ces paroles,
désignait avec sa main l'endroit du
gonflement.

— Je ne suis pas très fort en sylvi-
culture, ma chère enfant, répondit
l'oncle ; toutefois, je crois que cela
provient, comme tu le disais fort bien,
d'une ligature nécessitée pour main-
tenir la greffe, parce que, dans cette
partie de forêt, on a fait autrefois un
essai de pins étrangers, greffés sur
ceux de ces pays. Il paraît que ces
greffes ont bien réussi, car en voici
plusieurs qui sont en très bon état.

— Mais pourquoi, répliqua la jeune fille, avoir tenté cet essai ? Le pin

droit et élancé, comme ceux qui nous environnent, n'a-t-il pas autant de mérite et de valeur que ceux ci?

— Sans doute, ma chère amie, mais les sciences et les arts ne se sont perfectionnés que par des expériences faites par des hommes chargés; chacun en ce qui le concerne, et suivant leurs capacités, de faire autant de découvertes utiles qu'il leur sera possible. Ce pin, par exemple, produit une graine qui, arrivée à maturité, a un goût exquis, et peut-être qu'en multipliant cette espèce, on aurait pu exploiter d'une manière avantageuse cette qualité, que n'a pas la graine des autres pins.

Cette conversation les empêcha de remarquer la pente rapide déguisée, du reste, sous les détours sinueux du sentier, et ils arrivèrent sans presque s'en apercevoir à la belle roche appelée, *la Grotte aux Demoiselles.*

Un homme!.... murmura Laure en se rapprochant de son oncle.

Un homme, en effet, était assis dans le fond de l'excavation que forme en surplombant de trois mètres au moins une énorme masse de rocher. Sa figure rugueuse, profondément sillonnée de traces de petite vérole, n'était éclairée que par un seul œil jaune et luisant, dans lequel se peignait un mélange inexprimable de finesse et d'idiotisme. Son front terreux, garni de cheveux d'un gris sale, indiquait, à ne s'y pas tromper, dans cet homme, l'habitude des passions dégradantes. Deux énormes touffes de favoris d'une couleur indéfinissable, et dont les poils se croisaient en tous sens, donnaient à cette physionomie, déjà assez caractéristique, un aspect repoussant : ceci nous explique le mouvement rétrograde de la jeune fille à sa première vue. L'habitude de conserver constamment dans sa bouche un énorme morceau

de cette plante présent du Nouveau-
Monde, sur laquelle nous nous sommes
jetés avec tant d'avidité, la consom-
mant, qui en fumant, qui en prisant,
avaient donné aux deux ou trois dents
qui lui restaient sur le devant, une
teinte de bistre transparente, qui re-
haussait encore, si je puis m'expri-
mer ainsi, l'éclat hideux de sa figure:
c'était le type de la laideur.

Ses vêtements offraient un aspect
aussi bizarre; il était impossible de
donner un nom à l'habit qu'il portait :
c'était une espèce mixte, une transi-
tion entre la blouse et le bourgeron;
quant à la couleur, je défierais bien le
peintre le plus habile d'en analyser
les éléments.

Un énorme fagot de bois à demi mort,
jeté à l'entrée de la grotte, annonçait
que cet infortuné usait des ressources
que la forêt de Fontainebleau offre,
durant les froids de l'hiver, aux plus
pauvres habitants de la ville.

M. P. monta les sept ou huit marches
en pierre qui le séparaient de la grotte,
et se trouva tout-à-fait en face de l'in-
dividu dont nous venons d'esquisser
le portrait.

— Bonjour, monsieur!.. grommela
l'inconnu en portant la main à une espèce de casquette sans visière, aussi
difficile à nommer que le reste de son
accoutrement.

Bonjour! mon brave homme, dit
M. P.; vous me paraissez bien fatigué!

— Ah! monsieur, reprit cet homme,
c'est qu'à mon âge, voyez-vous, faire
le métier que je fais, ce n'est pas toutes
roses... Heureusement encore, ajouta-
t-il, que l'homme qui a fait ces sentiers
a laissé çà et là quelques branches de
ses élagages, car je crois que sans cela,
je n'aurais pu faire mon fagot. C'est fini !
je ne puis plus grimper... j'ai le jarret
trop raide à présent... Ah! si c'était il
y a seulement vingt ans, à la bonne
heure; mais aujourd'hui... usé !!..

— Quel âge avez-vous donc? reprit l'oncle en s'asseyant sur un banc naturel formé par une roche qui se trouve en face, et en appuyant son menton sur la pomme d'ivoire de sa canne.

— Soixante-neuf ans dans quelques jours, monsieur, ne vous déplaise.

— Cela commence à compter en effet, reprit M. P., et pour faire ce métier... Mais, dites-moi, vous parliez tout-à-l'heure de l'homme qui a fait ce sentier, comme si, seul, il eût accompli cette tâche presque impossible ; car il faut une persévérance et un courage surhumains pour dompter seul le caractère sauvage de la nature en ces lieux, et la forcer à nous livrer passage dans les endroits mêmes où elle semblait s'être réservé la plus profonde solitude.

— Oh! vous n'y êtes pas encore! reprit l'homme au fagot. Vous en verrez bien d'autres si vous suivez ce sentier jusqu'au bout! Et pourtant,

comme je vous l'ai dit, c'est un homme
seul qui a fait tout cela. Et prenant
un ton rêveur : le pauvre garçon, ajouta-t-il, il s'est donné bien de la peine,
bien du mal, lui, durant toute sa vie,
et cela ne l'empêchera pas de mourir
pauvre, comme moi. Puis, reprenant
sa gaîté : Moi, au moins, si mes derniers jours sont lourds à porter, j'ai
pour les alléger des souvenirs de
jeunesse; si je suis malheureux, c'est
par ma faute; et ma foi, Monsieur,
quand on a un peu de ma philosophie, cela console.

— Il paraît, mon brave homme, reprit monsieur P., que vous n'engendrez
pas la mélancolie, et que, grace à cette
philosophie, que vous appelez la vôtre,
et que je serais assez curieux de connaître...

— Pas difficile, Monsieur ; en un
instant vous allez la comprendre, et
vous verrez qu'elle vaut bien celle que
les gens riches étudient à grands

frais.... Elle se résume dans ces trois principes : boire, encore boire, toujours boire!...

Un sentiment de pitié mordit au cœur de M. P. Il s'était déjà levé pour continuer sa promenade, quand cet homme aux paroles cyniques l'arrêta.

— N'allez pas croire, au moins, Monsieur, poursuivit-il, que j'ai toujours été ce que vous me voyez.... Oh! non!... Et sa voix prit alors une inflexion pénible, qui disposa nos promeneurs à l'écouter. Monsieur P. et sa nièce se rassirent.

— Mon enfance fut environnée de tous les soins dont on entoure habituellement les enfants qui naissent de parents aisés. Mon père, brave et honnête cordonnier de la ville de S., faisait les sandales de l'abbé d'un couvent de Bénédictins qui se trouvait dans le quartier qu'habitait ma famille. Il y avait alors des Bénédictins Vous n'avez pas vu cela, vous, Mon-

sieur, vous êtes trop jeune ; mais les
livres ont dû vous l'apprendre. L'abbé
du couvent, qui venait assez souvent
chez mon père, me trouvait d'une
figure intéressante. — Un sourire com-
primé effleura les lèvres de la jeune
fille; — il me prit en amitié, et lui demanda s'il consentirait volontiers à
ce que je le suivisse au couvent. A
cette époque, une offre de cette nature, c'était une fortune pour toute
une famille. Je vous laisse à penser
si mon père l'accepta avec empresse-
ment. J'entrai donc chez les pères
Bénédictins, qui commencèrent par
m'enseigner à lire, à écrire, à calcu-
ler, et j'allais même commencer à
apprendre les rudiments de la langue
latine. Alors, dans ma petite tête d'enfant, je me voyais déjà vêtu du froc
et coiffé du capuchon. — Un nouveau
sourire illumina la figure de la jeune
fille; il voulait dire sans doute, que
ne l'a-t-il aujourd'hui pour se cacher

le visage, — et selon moi, cela m'allait à ravir. Mon père et ma mère, assis le soir auprès du veilloir paisible, auquel était suspendu le globe symbolique, antique héritage de famille, me voyaient, dans leur imagination, grandir avec bonheur. Qui sait, se disaient-ils, peut-être deviendra-t-il l'abbé de ce couvent?.... peut-être sera-t-il un grand homme, dont on écrira l'histoire?... Pauvres parents ! Que ces illusions étaient douces; mais qu'il y avait loin de vos rêves à la réalité!... Et combien de parents, comme vous, ont aussi fondé sur leurs enfants de belles espérances, et qui ont été cruellement trompés?..... Mais.... qu'est-ce donc que je dis là? je fais du sentiment, je crois?... Oh là! eh, ma philosophie! Pardon, Monsieur, c'est que, voyez-vous, mes moyens, ce matin, ne m'ont pas permis de prendre ma leçon complétement; et voilà la raison pourquoi.... Toujours est-il que si mes parents me voyaient aujourd'hui, moi, leur Benjamin, beau alors comme saint Jean-Baptiste, mon patron, ils seraient bien désillusionnés, n'est-ce-pas, Monsieur ?....

— Le temps est un rude ravageur, mon brave homme; il ne respecte rien, et le pis, c'est que ses ravages sont irréparables, répondit M. P., que ce discours avait vivement intéressé; car il pensait avoir sous les yeux une de ces malheureuses victimes de nos institutions sociales, à qui la concurrence avait enlevé tout moyen de faire quelques économies pour subvenir aux besoins de cet âge, où le travail fuit le travailleur, parce que ses forces ne lui permettent plus d'en faire beaucoup. Toutefois, un souvenir rétrospectif lui rappela l'homme en présence duquel il se trouvait; les quelques paroles qu'il avait prononcées, en lui parlant de l'artisan du sentier,

6

l'exposé de sa prétendue philosophie
et les derniers mots qu'il venait d'entendre, lui firent soupçonner que, s'il
y avait dans la misère de cet homme,
un peu de la faute de nos institutions,
il y avait beaucoup de la sienne propre; cependant, désirant connaître à
fond l'homme qu'il avait sous les yeux,
il l'engagea à continuer.

—A l'époque où nous en sommes restés, reprit-il, le tonnerre de 89 venait
d'éclater. Alors, comme vous le savez,
adieu couvents, moines et moinillons;
je fus enveloppé dans la proscription,
et là se ferma pour moi la carrière
monastique. Comme je ne manquais
pas de résolution, j'eus bientôt pris
mon parti: je confiai, sans balancer, à
mes bras, une existence que la révolution rendait assez précaire; aussi l'âge
de la conscription me trouva-t-il tout
disposé à me faire soldat, et vous le
savez, toujours par les livres, bien entendu, vous êtes trop jeune pour l'a-

voir vu, à cette époque, on n'était pas
soldat, seulement parce qu'on portait
un uniforme, ni pour combattre des
ennemis invisibles et imaginaires;
mais on en faisait le métier comme
il faut, je vous l'assure; aussi me sentant un peu de l'éducation de mon
enfance, je trouvai le métier trop
rude, et profitant de quelques moyens
que j'avais pour me faire réformer, je
quittai le service militaire. Ce fut
quelques temps après qu'une terrible
maladie, trop fréquente alors, parce
que l'art, si bien connu aujourd'hui,
de l'inoculation était encore à peu
près dans l'enfance, ce fut alors, dis-
je, que cette terrible maladie me la-
boura le visage et me le mit dans l'é-
tat où vous le voyez.

— Ce fut sans doute alors que vous
perdîtes l'œil qui vous manque? glissa
Monsieur P.

— Oh! pardon! non, non, ceci est
une autre histoire; elle aura son tour.

si vous voulez bien m'écouter jusqu'au bout....

— J'avais oublié de vous dire,
je crois, qu'en quittant le couvent des
Bénédictins, j'avais appris le métier
de vitrier, plus tard celui de peintre
s'y adjoignit, de sorte que j'étais peintre et vitrier : c'est en cette qualité,
qu'à l'époque des grands travaux de
restauration, que l'empereur fit exé-
cuter dans le palais de Fontainebleau,
je fus amené dans cette ville. J'avais
alors vingt-sept ans. Ouvrier distingué
dans ma partie, ne fréquentant ni les
mauvaises sociétés, ni les mauvais
lieux, j'unis bientôt ma destinée à celle
d'une femme jeune et belle.... oui,
belle.... bien belle, Monsieur.... le
souvenir en est un peu effacé par ma
philosophie, mais il en reste toujours
quelque chose, voyez vous.... et du
revers de sa main gélatineuse, il essuya une larme qui s'échappait de l'œil
unique qui lui restait. De ce mariage na-

quit une fille belle aussi... bien belle,
mademoiselle... Sa naissance coûta
la vie à sa mère.... je l'élevai jusqu'à
l'âge de vingt ans; alors elle mourut...
Il se fit un instant de silence; puis
avec un ton de sinistre indifférence,
l'homme aux gros favoris, reprit : Oui,
Monsieur, la mort l'a moissonnée à
vingt ans; et elle a bien fait... Elle é-
tait la fille du pauvre, elle était belle,
c'eût été une victime de plus jetée en
pâture à d'infâmes séductions. La mort
a eu raison... je l'en remercie!...

Eh bien! c'est après la mort de ma
fille que je commençai le cours de
philosophie dont je vous parlais tout
à l'heure, et dont jusqu'ici j'ai suivi
les délicieuses leçons avec bonheur.
Maintenant, je vis au jour le jour, et
Dieu et le bureau de bienfaisance ai-
dant, je puis mettre de temps en temps
une bonne bouteille de schnik entre
mon passé et mon présent, et tout
est dit. Sur ce, Monsieur, ajouta-t-il

en se levant , sans vous commander ,
veuillez m'aider à charger mon fagot,
si toutefois vous ne craignez pas de
vous écorcher les doigts , et votre ser-
viteur !....

Le cynisme révoltant avec lequel
cet homme venait de terminer son
histoire jeta dans l'âme de nos promeneurs un sentiment pénible ; toutefois, l'exploration plus attentive de la
jolie grotte où ils setrouvaient eut bientôt dissipé cette impression. Pour l'œil
artiste et scrutateur de M. P. le magnifique plafond , les parois latérales
parsemées de riches cristalisations , le
pavage même, tout fut l'objet d'une attention et d'un examen particuliers.

—Quelle peine , dit-il , quel travail
il a fallu pour obtenir ce résultat!
Vois donc, Laure, la marque où mon-
taient les terres qu'il fut obligé d'enlever ; et puis ces fragments de rocher,
placés maintenant horizontalement,
et empêchant nos pieds d'enfoncer

dans le sable, ne pouvaient s'y trouver
naturellement; du reste, on voit encore la direction qu'ils devaient avoir
avant que l'homme n'y eût mis la main.
Rien n'est négligé!... voici une table,
des bancs, une cheminée même...

— Et du bois dedans, reprit Laure.
Mais voyez donc cette inscription,
ajouta-t-elle en montrant du doigt
une partie de la roche où étaient
écrits ces vers :

O ma belle cité!
Puissé-je avec moi sous tes roches
Ensevelir les injustes reproches]
Dont me poursuit l'adversité.

Cet homme n'est point heureux!...
pensa M. P., après avoir lu.

— Voilà quelque chose de bien beau!
dit-il en désignant un énorme assem-
blage de racines qui se trouvait placé
auprès du rocher qui leur faisait face,
et du centre desquelles sortait un
petit baguenaudier dont l'aspect ra-
chitique indiquait assez que toute la

sève, au lieu de se porter vers les branches supérieures, engraissait les racines d'une manière démesurée.

— J'ai vu, dit la jeune fille, dans le *Magasin pittoresque*, le groupe de Laocoon, et il me semble qu'il y a quelque ressemblance. Ne dirait-on pas les plis et replis d'énormes serpents ?

— Il y a, en effet, quelque chose qui s'en rapproche, reprit l'oncle en contemplant cette bizarrerie de la nature.

Pendant que M. P. était comme en extase devant cet objet réellement digne d'attention, Laure était allée machinalement se placer à l'entrée de la grotte.

— Le seuil est un peu élevé, dit-elle ; un homme d'une certaine taille ne pourrait entrer sans s'incliner.

— Qui est-ce qui dit, reprit Monsieur P. en plaisantant, que celui qui a fait cette jolie grotte n'a pas voulu, par ce moyen, forcer les grands à s'incliner devant son travail ?

Ce serait une idée assez bizarre,
reprit la nièce en riant. Revenant
alors sur la plate-forme, qui se trouve
devant la grotte, tous deux admirè-
rent en silence ces belles housses de
verdure, émaillées de fleurs de toutes
couleurs, dont sont recouverts les
siéges naturels qui l'entourent; ces
liannes, ces chèvrefeuilles, qui ser-
pentent en festons dans les fissures du
rocher, ces mousses grimpantes, ces
lichens, nuancés de rose et d'or; les ge-
nêts les églantiers mêlant au pied de la
roche leurs branches, leur verdure et
leurs fleurs. Si l'on se représente
ce gracieux tableau encore tout im-
preigné de la rosée du matin, dont les
gouttes étincelaient au soleil, comme
les mille diamants d'un lustre, on
comprendra facilement que la nature la plus revèche est forcée de céder
à l'admiration qu'inspire un aussi ravissant spectacle.

Ce fut l'effet que produisit sur Laure

7

l'aspect de ce beau site ; puis, avec la légèreté de la biche, elle monta les quelques marches en pierre qui conduisent de l'autre côté de la roche. Son oncle la suivit toujours en remarquant avec intérêt, même avec une sorte de commisération, les efforts innouïs qu'avait dû faire cet homme pour pratiquer un passage dans l'endroit même où il se trouvait en ce moment.

Laure, guidée par cet instinct de curiosité naturel aux jeunes filles, quitta un instant le sentier, et monta sur la roche même, dont la saillie forme le ciel de la grotte.

— Ah ! mon oncle, dit-elle, accourez donc voir le joli point de vue !.... Il serait difficile, je crois, d'en trouver un plus beau.

M. P. monta rapidement l'escalier, et un peu essouflé de cette ascension précipitée, arriva sur l'espèce de terrasse, ou plutôt de plate-

forme, où se trouvait sa nièce. Tirant
alors de la poche de sa redingote une
longue-vue, il se mit à explorer le
magnifique paysage dont le délicieux
panorama se déroulait à ses yeux.

— Tiens, on voit le Calvaire, dit-
il en remettant à Laure la lorgnette
d'approche dont il dirigeait le bout
sur la gauche.

— Oui, c'est vrai, dit celle-ci en
regardant; je vois la croix. Mais quel
est donc cette espèce de pont que je
vois là, un peu plus à droite? ajouta
t-elle.

— C'est probablement le pont du
chemin de fer de Paris à Lyon, à l'endroit où il coupe la route de Valvins,
répondit M. P.

— Et ces villages, quels sont-ils ?
demanda Laure de nouveau, en regardant toujours dans la lunette.

— Donne, que je voie, répondit l'oncle en prenant la place de sa nièce. Le
premier doit être Vulaines, ajouta-t-il,

l'autre Héricy, et ce dernier Labrosse.

— De l'autre côté de la Seine ? dit Laure.

— Sans doute, reprit M. P.

— Il faut convenir, ajouta la jeune fille, que nous ne serions jamais venus ici pour voir ce beau paysage, si ce sentier ne nous y eût conduits.

— C'eût été dommage, reprit son oncle, car il mérite d'être vu.

Il renfonça alors les coulisses de sa longue-vue, la mit sous son bras, dans l'espoir d'avoir bientôt à s'en servir de nouveau, et, suivi de sa nièce, il quitta le dessus de la roche pour reprendre les sinuosités du sentier.

— Tiens, quelle singulière pierre ! dit cette dernière en posant la main sur une espèce de petite borne naturelle dont la tête arrondie a la forme d'un champignon.

M. P., préoccupé sans doute, ne fit point attention à la remarque

de sa nièce; il avançait toujours,
quand il fut arrêté par une singula-
rité d'un genre nouveau. Dans un
groupe de rochers, dont l'une des
masses représente assez bien l'écaille
supérieure d'une énorme tortue, il
avait remarqué, à la hauteur de ses
yeux, une tête de lion taillée naturellement dans la partie saillante de
la première roche; il s'en approcha,
en palpa les contours, parfaitement
dessinés, en murmurant : Quelle bizarrerie! et continua sa promenade
dans le sentier, qui n'offre rien de
bien remarquable en cet endroit, si
ce n'est la difficulté d'aller chercher
un passage dans ce chaos d'arbres et
de rochers.

Laure, apercevant de loin une excavation, avait pris le devant; elle arriva bientôt à une espèce de grotte
située à gauche du sentier, et au fond
de laquelle se trouve un banc de
pierre. Quelques hiéroglyphes et trois

N, que notre ingénieux ouvrier aurait trouvés en déblayant le sable qui encombrait la partie de rocher qui en forme la voûte, et puis la coïncidence du jour où elle fut découverte avec celui de l'élection d'un Napoléon à la présidence de la République française, lui firent donner le nom de *Grotte des trois Napoléon.*

La jeune fille qui, comme nous l'avons dit, avait pris le devant, fit encore quelques pas; mais soudain, effrayée, elle se replia avec précipitation sur son oncle.

—Myard, bon saint Michel! t'en bois trop; il ne m'en restera plus!....

Cette exclamation assez singulière, sortie d'une loge construite en débris de grès, que les ouvriers de la forêt appellent *écales de pavés,* et placée sur la droite de notre sentier, fut la cause de la retraite précipitée de Laure. Rassurée par son oncle, que cette panique avait fait sourire, elle

revint avec lui sur ses pas. A leur approche, deux hommes sortirent de la
loge dont nous venons de parler, et
que l'on connaît sous le nom de *Loge
aux Carriers.* Le premier était d'une
taille élevée, et sa tête était couverte
d'un chapeau rond, en feutre gris,
ses larges bords, abattus sans doute
par les fréquentes averses qu'il avait
reçues, avaient pris l'inclinaison de
la calotte, et lui donnaient une forme
assez semblable à celle d'un enton-
noir dont on aurait enlevé la douille.
Cette coiffure burlesque, relevée en
rouleau sur le devant, laissait voir
un front presque chauve. Un nez ef-
filé, fixé entre deux joues amaigries,
dominait une bouche démunie de
presque toutes ses dents; une énorme
mouche, assez semblable, et pour la
forme et pour la couleur, à ces pin-
ceaux que les peintres appellent
brosse d'un pouce, prenait sous la
lèvre inférieure, et cachait presque

tout le menton. Deux petits yeux
ronds et brillants, encadrés d'un cercle rouge, donnaient encore à la physionomie de cet homme quelque chose
de grotesque qui engagea M. P. à lui
adresser la parole.

— Il paraît, mon ami, lui dit-il en
riant, que votre camarade a l'haleine
un peu longue, si j'en juge par le re-
proche que vous venez de lui adresser!

Myard! bon saint Michel! mon cher
bon monsieur, et vous, ma bonne petite demoiselle, il faut que je vous dise
que c'est ma dernière bouteille, et
que le soleil est encore haut. S'il
boit tout, myard, il faudra que je
monte au lac vert, qui est là au-dessus, pour la remplir; mais c'est plus
le même goût, myard!...

—Je comprends, mon brave homme,
reprit M. P., que si, en faisant le rude
métier que vous faites, et exposé au
soleil, comme vous l'êtes constam-

ment, vous n'aviez que de l'eau à
boire il vous serait difficile d'y tenir.

— C'est bien vrai ! myard ! Mais ce
que vous dites-là, mon bon monsieur,
c'est pourtant ce qui nous arrive tous
les jours. Si j'ai du vin aujourd'hui,
myard, c'est par hasard ; les autres
jours, je bois de l'eau comme un ca-
nard, et tous mes camarades comme
moi.

— Mais comment pouvez vous résister à un travail aussi pénible que le
votre ?...

— Nous ne résistons pas, myard,
nous mourons. A trente-cinq, quarante
ans, c'est fini, faut déloger. Moi, tel
que vous me voyez, si j'ai passé l'âge,
c'est par exception ; c'est une petite
gratification de temps, c'est une petite
faveur que la mort m'a accordée. Eh
bien ! malgré cela, myard, quand elle
viendra, je suis encore capable de lui
faire la grimace, de ne la pas bien
recevoir !... ingrat !...

— Mais au moins, si vous sacrifiez ainsi de gaîté de cœur votre existence, vous gagnez sans doute de bonnes journées ?

— Ah dam! myard, quand le pavé se tire.... oui.... on gagne assez bien sa vie ; mais c'est pas à présent... Je ne sais pas, on nous a parlé d'une association qui, sans nous mettre tout à fait à l'abri des mortes saisons, au moins nous aiderait à les supporter!.. Nous allons voir cela à deux heures ; nous devons tous nous rassembler là haut, sur le Plateau de la Réunion, pour examiner le réglement, et voir si cela nous convient.

— Il serait possible que ce fût un moyen d'améliorer votre sort ; plusieurs corps d'état l'ont essayé avec succès. Je connais, entre autres, l'association Leclaire, composée d'ouvriers peintres, qui jusqu'ici a obtenu des résultats merveilleux. Je souhaite, mes braves gens, qu'il en soit de même pour vous.

En achevant ces paroles, M. P.
salua ces hommes, et continua sa promenade.

L'oncle et la nièce marchèrent encore quelque temps entre d'énormes
blocs de grès, que quelque révolution
du globe avait séparés, sans doute,
car on voit encore les points par où
ils se tenaient autrefois. Ensuite, ils
arrivèrent en face d'une petite retraite
que l'on appelle à juste titre, *l'Asile
de la Mélancolie*. Il ne faut que voir
ce petit endroit pour apprécier toute
la justesse du nom qu'on lui a donné.
Dérobé aux regards des promeneurs
qui pourraient parcourir le sentier,
par un énorme bloc de rocher, il est
garni intérieurement d'un siége et
d'une table. Une petite roche plate,
qui s'avance de cinquante centimè-
tres environ, garantit par le haut la
tête du penseur mélancolique. La
hauteur et l'épaisseur des rochers qui

l'environnent, le défendent de tous
bruits extérieurs. Des mousses noires
et des lichens d'un gris foncéétendent,
comme une tenture de deuil sur ses
parois intérieures.

.. Un soupir, paraissant sortir du sein
de ces rochers, attira l'attention de
nos promeneurs; ils s'avancèrent sans
bruit à l'entrée de ce mystérieux
asile. Une femme d'une quarantaine
d'années y était assise ; sa taille au-
dessus de la moyenne, quoiqu'un peu
déformée par un certain embonpoint,
avait conservé quelque chose de l'élé-
gance et de la souplesse de sa jeunesse. Ses cheveux d'un noir d'ébène
lissés en larges bandeaux encadraient
avec grâce une figure assez expressive; ses traits étaient réguliers, mais
une pâleur mate, qu'éclairaient deux
grands yeux noirs étincelants, indiquait, d'une manière indubitable,
qu'une douleur profonde dévorait
sourdement l'existence de cette femme.

— Qu'est-ce ?... fit-elle en relevant
sa tête qu'elle tenait appuyée sur sa
main droite, tandis que dans la gauche elle avait un mouchoir de ba-
tiste dont l'humidité visible témoi-
gnait, d'une manière irrécusable, que
cette femme venait de verser récem-
ment beaucoup de larmes.

— Qu'est-ce!.. ma fille !.. cria-elle
en s'élançant à l'entrée de sa retraite,
où l'avait attirée le bruit léger des pas
de la jeune fille. Ah! pardon, monsieur, ajouta-t-elle en voyant M. P.;
pardonnez à une pauvre mère que la
douleur égare!.... Cette jeune fille!...
c'est.... la vôtre, n'est-ce pas?....
Vous êtes bien heureux, vous.... La
mort ne vous l'a pas ravie !.... Et ses
sanglots l'empêchèrent d'en dire davantage. La douleur de cette femme
effraya M. P. et sa nièce. Ils crurent
un instant que cette malheureuse,
échappée de quelque maison de santé,
était venue, au risque de mourir d'ina-

nition, s'ensevelir dans ces rochers ;
mais leurs soupçons s'évanouirent avec
leur frayeur, quand cette femme, sortant entièrement de l'asile où elle
s'était réfugiée, leur raconta, en marchant à leurs côtés, le malheur dont
elle avait été victime, et pourquoi, de
temps en temps, elle venait verser
quelques larmes dans le coin de cette
roche.

— Si, il y a quelques mois, monsieur, dit-elle, vous aviez parcouru le
cimetière de la ville de Fontainebleau,
vous auriez pu remarquer la terre fraî-
chement remuée d'une tombe. A la
couronne de fleurs d'oranger passée
dans la partie supérieure d'une petite
croix de bois, vous auriez pu reconnaître la tombe d'une jeune fille !....
Eh bien ! c'est là, au fond de cette
tombe, que la mort lui a donné pour
couche nuptiale, que repose le corps
de la jeune fille que le ciel nous avait
donnée. Belle, fraîche comme le prin-

temps, qu'elle venait de voir pour la
dix-septième fois, nous avions fondé
sur elle l'espoir de nos vieux jours;
nous la voyions grandir avec bonheur
sous nos yeux; chaque fois nous re-
connaissions en elle quelques quali-
tés nouvelles.... Et quand elle arriva
à cet âge où l'intelligence se déve-
loppe, où l'âme, forçant son envelop-
pe matérielle, semble vouloir prendre
son essort vers les régions intellec-
tuelles, oh! avec quel bonheur nous
aimions à l'entendre causer! que nous
étions heureux de recueillir les quelques essais que sa jeune imagination
lui commandait de confier au papier.....Un jour, jour funeste, toujours présent à ma mémoire, comme
vous, nous étions venus admirer ce sentier; son âme contemplative ne pouvant s'arracher aux ravissants specta-
cles qu'en ces lieux nous offrent à
chaque pas la nature, notre promenade s'était prolongée jusqu'au déclin

du jour. Son père et moi, nous étions
assis sur le sommet de ces rochers ; elle
était à nos pieds. Vois donc, mon père,
disait-elle en parcourant de l'œil cette
belle vallée, qui s'étend ici sous
nos regards, vois comme cette vallée
est belle ! regarde ce troupeau de gé-
nisses, comme il suit docilement le
pâtre de la commune voisine, sans
doute, qui le conduit à l'étable !.....
Entends-tu le tintement monotone
des clochettes suspendues au cou de
ces animaux paisibles ? on dirait le
glas du jour qui va finir !.... Vois ce
manteau de pourpre, dont ce soleil,
qui descend vers d'autres cieux, semble couvrir, comme d'un linceul, ce
jour qui descend lentement dans la
tombe.... Oh ! que j'aime le soir ; et
pourtant il m'inspire de l'effroi !....
Je suis triste quand je pense à tout
ce qui finit.... Je compte particulièrement les jours, et chaque soir, je
me dis : Encore un pas de plus de

fait vers la tombe. Un jour qui finit
me semble une perle précieuse arra-
chée du collier où elles sont soi-
gneusement comptées!....

A ces mots, un oiseau de funeste
présage, caché dans un des trous de
ce rocher, fit entendre sa voix glapis-
sante. Il me sembla, en ce moment,
que la mort, elle-même, posait sa
main de glace sur mon cœur. Ces fu-
nestes pressentiments, joints aux inquiétudes que nous donnaient déjà
les difficultés qu'éprouvait notre chère enfant, pour arriver au dévelop-
pement naturel à son âge, jetèrent le
désespoir dans nos cœurs. L'oiseau
de la mort n'avait point menti.....
deux mois plus tard, nous n'avions
plus de fille!... La pauvre mère garda
un instant le silence; un soupir profond s'échappa de sa poitrine oppres-
sée, puis elle reprit en sanglottant :
Voilà, monsieur, la raison de ma présence en ces lieux. Toutes les fois

qu'une journée à peu près semblable
à celle dont je viens de vous parler,
m'invite à y venir.

— Votre douleur est bien naturelle, madame, je la comprends parfaitement reprit M. P., car, moi
aussi, la mort m'a frappé de terribles
coups!... Vous n'avez perdu qu'une
fille, madame; à moi, la mort m'a enlevé bien plus!.... fils, elle m'a frappé
dans ma mère; époux, elle ma frappé
dans mon épouse ; père, elle m'a
frappé dans mon enfant!....

— Mais qui donc, reprit cette femme
avec une surprise mêlée d'effroi, qui
donc a pu vous soutenir contre d'aussi terribles coups?....

— La foi, madame, la foi, flambeau
divin que la mort, en frappant le
chrétien, dépose sur la tombe qu'elle
vient de clore, pour lui faire voir au-
delà l'espérance, baume suave, qui
vient de cicatriser les plaies de son
cœur; la charité, qui, divinisant ses

affections brisées, les transporte dans
le sein même de la Divinité!

Ces paroles vraiment consolantes
rappelèrent à elle-même cette infortunée qu'égarait sa douleur. Tirant
alors de sa ceinture une montre d'or :

— Deux heures !... dit-elle. Adieu,
monsieur, je regagne la ville.

Et prenant un petit sentier qui,
en cet endroit, vient aboutir à celui
que nous parcourons, elle disparut
bientôt aux yeux de nos promeneurs.

— Pauvre mère !... murmura Laure,
mais bientôt la légèreté naturelle à
son âge, dissipa l'impression douloureuse qu'avait fait sur elle le récit
que nous venons d'entendre.

— Voyez donc, mon oncle, dit-elle
en s'arrêtant, voilà encore une roche
bien curieuse.

M. P., tiré, par ces paroles, de
la rêverie où l'avait plongé la scène
dont il venait d'être témoin, leva les
yeux, et remarqua en effet une roche

qui paraissait formée de feuilles de grès superposées, et ressemblant assez à ce qu'on rencontre dans un nid de mouches guêpes; aussi lui donnèrent-ils le nom de *Roche feuilletée..*

En poursuivant leur marche, ils se trouvèrent en présence d'un autre rocher, qui n'offre rien de bien remarquable, si ce n'est deux jolis petits pins droits et lisses comme deux beaux cierges. Le rapprochement de leurs pieds, qui semblent n'en former qu'un, et les enlacements amoureux de leurs branches et de leur vert feuillage, leur firent donner le nom de *Castor et Pollux.* Ils étaient arrêtés pour contempler ce gracieux symbole de l'amitié, quand Laure prenant la parole :

— Je ne sais si je me trompe, mon oncle, dit-elle, il me semble, depuis quelques minutes, entendre un bruit confus de voix, comme si, à quelque distance, il y avait réunion d'un certain nombre de personnes.

— Je crois, ma chère enfant, qu'en effet tu es dans l'erreur, répondit M. P. Rien n'est plus commun dans les bois, que ces rumeurs sourdes qui frappent en ce moment ton oreille. Quelquefois elles proviennent du souffle des zéphirs à travers le feuillage ; d'autres fois, ce sont les plaintes des vents emprisonnés entre deux montagnes, comme celle que nous voyons ici.

M. P., en parlant ainsi, avait oublié qu'il était plus de deux heures, et que la réunion des carriers, dont leur avait parlé l'homme au feutre gris qu'ils avaient rencontré, devait avoir lieu à très peu de distance du point où ils se trouvaient. Cependant le bruit devint tellement sensible, probablement en raison de l'arrivée d'un plus grand nombre d'individus, que M. P. et sa nièce se rappelèrent enfin qu'une assemblée de tous les ouvriers qui exploitent les grès de la forêt de Fontai-

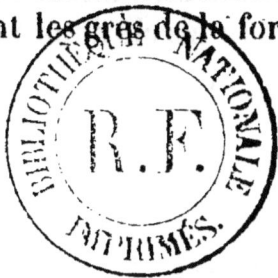

nebleau devait se tenir sur le plateau
qui couronne la montagne, et que
l'on appelle *le Plateau de la Réunion*. Ils
pressèrent leur marche, et après avoir
jeté un coup d'œil rapide sur un joli
petit bassin naturel, que notre artiste
a ingénieusement préparé pour recevoir et conserver les eaux des pluies,
et qu'il a nommé le *Lac vert*, par la
raison sans doute qu'un joli tapis de
verdure en décore les bords, ou plutôt parce que son eau sera le plus souvent couverte de ce voile vert, qu'é-
tendent sur les eaux stagnantes les
plantes aquatiques, ils s'approchèrent
du plateau de la réunion.

Les bouronniers sont-ils arrivés?...
clama une voix forte et sonore. Un silence profond succéda à cette exclamation. C'est en ce moment que M. P.
et sa nièce abordèrent le plateau qui
traverse notre sentier.

Ce lieu ne pouvait être mieux choisi
Situé au centre du cercle dans lequel

se trouvent Marlotte, Grès, Bourron,
Récloses, Ury, Achères et Fontainebleau, la nature paraît avoir tout disposé pour une réunion de ce genre.
Une grande quantité de petits rochers
dont la forme variée offre des siéges, des
accottoirs, l'entourent comme d'une
ceinture; le sol, garni de cette espèce
de graminée, qui rampe plutôt quelle
ne s'élève, semble couvert d'un tapis
soyeux étendu sous les pieds de ces
hommes à qui il n'est guère permis
d'en avoir d'autres. Ces détails de la
nature pour rendre ce lieu propre à
une assemblée, étaient peu appréciés,
il est vrai, par les hommes que nous
avons sous les yeux; mais pour l'œil
artiste de M. P. rien, comme nous l'a-
vons dit, n'était indifférent.

Les bouronniers!... cria une voix.
— Chacun alors porta ses regards dans
la direction du village de Bourron.
En effet, une troupe d'une vingtaine
d'hommes, vêtus de blouse, et l'épaule

droite chargée d'un havresac de toile grise, se dirigeaient en causant bruyamment vers le plateau.

. Allons! allons! vite!... cria celui qui paraissait être le chef de la réunion; le soleil tourne, et nous avons beaucoup de besogne à abattre avant qu'il ait disparu.

L'homme qui prononçait ces paroles paraissait âgé d'une quarantaine d'années; sa figure mâle, mais amaigrie par un travail pénible, était rempli d'expression; ses yeux renfoncés, mais ardents, décélaient, dans cet homme, une vigueur de volonté peu commune; il était de taille moyenne. C'était un de ces hommes du peuple, ouvriers intelligents, que la Providence semble avoir jetés çà et là au milieu des sociétés, comme des jalons sus lesquels tôt ou tard doivent venir s'aligner les abus et les préjugés qui jusqu'ici les ont fait dévier. Il vous est arrivé quelquefois,

à la chute du jour, de fixer vos regards
vers le firmament, pour regarder les
étoiles ; vous en voyez une d'abord,
puis deux, puis trois, puis un nombre incalculable.... Eh bien ! cet
homme était une de ces étoiles que
l'œil observateur du philosophe attentif découvre dans les rangs du peuple; il en voit un d'abord, puis deux,
puis trois, puis un nombre incalculable; et il comprend alors que la révolution qui s'opère depuis 1789
est une révolution morale, et il sou-
rit avec pitié, quand il voit ces prétendus hommes d'état, pygmées politiques, mouches du coche du bon
Lafontaine, suant, haletant pour arrêter ou faire dévier le char révolu-
tionnaire dont Dieu lui-même a
tracé la voie et marqué le but; ces
hommes qui, dans leur abrutissant
matérialisme, ont oublié que nul
n'est fort contre Dieu, qu'on ne tue
point une idée, que les Néron, les Ca-

9

ligula et autres persécuteurs de l'idée
chrétienne, ont été broyés par elle,
et que le sang des martyrs fait ger-
mer les héros.

Après avoir, par un geste expres-
sif, commandé le silence à ses camarades, l'homme que nous avons désigné comme le chef, montant sur une
petite roche isolée, un peu plus élevée que les autres, prit la parole en
ces termes:

— Amis, avant de signer un acte d'association, il est nécessaire que chacun de nous sache bien ce que c'est
qu'une association, et connaisse tous
les avantages qui peuvent en résulter.
L'association, c'est.....

— - Est-ce quelque chose comme la
société fraternelle qu'on nous a promise? interrompit une voix qui semblait sortir du groupe le plus nom-
breux.

— Promise.. oui sans doute.... mais
pour quand?.... On nous a déjà pro-

mis tant de choses!.. répondit une autre voix.

Silence ! cria de toute la force de
ses poumons, l'orateur que cette in-
terruption semblait avoir vivement
contrarié.

Le silence se rétablit, et il reprit:
L'association, c'est la solidarité des
intérêts entre le travailleur et le capitaliste. Amis, nous vivons à une
époque imposante et solennelle, nous
assistons à la fois à une agonie et à
une renaissance; car, semblable à ces
chênes qui nous environnent, et qui
conservent leurs feuilles flétries jusqu'à la croissance des nouvelles, l'existence des sociétés offre ce caractère
que les germes de vie nouvelle se dé-
veloppent en même temps qu'appa-
raissent les principes de décompo-
sition. C'est surtout dans le domaine
du travail industriel qu'éclatent ces
phénomènes significatifs, ces signes ré-
vélateurs. Depuis longtemps déjà nous

avons vu se former, se constituer, se fortifier cette féodalité financière, commerciale, industrielle, sous les coups de laquelle l'atelier isolé est obligé de céder à la grande usine. Cette féodalité doit nous apprendre, à nous, travailleurs, que l'économie de la production n'est pas dans la division, dans l'isolement, dans le morcellement, mais dans la concentration des forces productives, dans l'association du travail, du capital, des forces et des talents. Aujourd'hui, si nous parcourons les rues de nos grosses villes manufacturières, que nos discordes civiles ont rendues si tristes, nous voyons ces grandes usines, ces beaux magasins, qui ont tué les petites industries et les petits commerces, succomber à leur tour : c'est le phénomène de mort.

Visitons, au contraire, une de ces associations, trop peu nombreuse encore, et qui pourtant se forment sur tous les points de la France, et là, au milieu des chants joyeux, des conversations animées, nous voyons la vie active du travailleur se développer dans une atmosphère de bienveillance et de fraternité : c'est le phénomène de vie.

Mais pour que ce phénomène produise toutes ses conséquences, certaines conditions sont exigibles ; il est nécessaire, d'abord, que des statuts sages règlent la marche que doivent suivre les associés. Le but de cette réunion est de discuter les différents articles d'un réglement qui nous est proposé par un homme que sa spécialitité, ses connaissances étendues sur cette matière, et surtout son désintéressement, rendent digne à tous égards de notre entière confiance. Voici son projet :

L'orateur déroule alors le papier qu'il tenait dans sa main, et lit le réglement suivant :

PROJET D'ASSOCIATION,

Entre un Capital de 150,000 francs, d'une part;

et

Les Ouvriers Carriers de la forêt de Fontainebleau, d'autre part.

Aux Ouvriers Carriers de la forêt de Fontainebleau, et aux Capitalistes

« Reconnaissant combien il est important de venir au secours de la classe laborieuse des travailleurs, je crois que tous les bons citoyens doivent aider de tout leur pouvoir à remplir la tâche que s'est imposée le Gouvernement en traitant la grande question du travail.

« Je me croirai donc très heureux si je parviens à augmenter le bien-être des bons et honnêtes ouvriers. Je le répète de nouveau, ce que je propose s'adresse aux ouvriers laborieux et économes. La création de la grande association dont je veux parler fera, du reste, justice des bons et des mauvais.

« **A chacun son œuvre !**

« Je propose donc :

« 1° Un comptoir ayant pour titre : Association générale des ouvriers carriers travaillant dans la forêt de Fontainebleau.

« Ce comptoir sera composé :

« 1° D'un gérant remplissant ses fonctions gratuitement, qui sera nommé par tous les chefs de batterie et par les actionnaires

« Il sera chargé de l'installation du bureau, composé d'un caissier, d'un commis, chargé de la comptabilité, avec deux ou trois employés, suivant les besoins reconnus par la compagnie.

« 2° Il sera crée, pour subvenir aux besoins de ce comptoir, mille actions, chacune de cent cinquante francs, payables en deux mois, entre les mains du caissier de la compagnie,

avec jouissance des intérêts à cinq
pour cent l'an du jour du versement.

« Les intérêts seront payés, par le
caissier du comptoir, tous les six mois.

« Le caissier ne doit jamais avoir
plus de cinq mille francs en caisse;
le surplus sera versé à la caisse du re-
ceveur-général du département, qui
devra payer à la compagnie des intérêts suivant le cours.

« 3° Tous les ouvriers carriers, ou
chacun d'eux pourvu d'une batterie
d'outils, autrement dit chaque chef
de batterie travaillant pour son compte, sont appelés à former cette association.

« 4° Chaque chef de batterie sera tenu
d'avoir une marque portant sa let-
tre initiale sur son pavé; cette marque, jointe au nom de l'ouvrier, sera
portée en tête du folio du grand-livre,
où ce chef aura un compte ouvert.

« 5° Toute marchandise envoyée au
port, ne portant pas cette marque,

sera confisquée au profit de la compagnie.

« 6° Le prix à payer à chaque chef de batterie sera fixé par une commission chargée de régler tous les trois mois le prix à payer à l'ouvrier, suivant la qualité reconnue du pavé.

« 7° Lorsqu'il y aura quelques contestations sur la qualité du pavé, elles seront levées par des chefs de batterie pris dans le sein de l'assemblée.

« 8° L'assemblée sera composée de vingt membres choisis moitié parmi les chefs de batterie, moitié parmi les actionnaires, et élus au scrutin secret. Le gérant présidera l'assemblée et aura voix délibérative.

« 9° La vente aura lieu au commerce de Paris, au profit de la campagnie.

« 10° Le prix de vente sera fixé par la voix du scrutin, à la majorité des voix des membres composant l'assemblée. Ce prix sera fixé pour trois ou six mois.

« 11° La vente se fera par le comptoir au comptant avec remise de trois pour cent, ou sur billets à ordre revêtus de deux signatures, à soixante jours.

« 12° Les bénéfices, après le paiement du salaire des ouvriers, seront employés de la manière suivante :

« I. Les intérêts à payer aux actionnaires sur le pied de cinq pour cent l'an.

« II. Appointements des caissiers et employés.

« III. Frais de location de maison et de bureau.

« IV. Les compteurs, gardes-ports, dans la personne du juré-compteur, droits de port et fortages, entretient des chemins forestiers.

« V. Le surplus des bénéfices sera partagé de la manière suivante :

« 1° 4/8 Aux ouvriers proportionnellement et au marc le franc, suivant les sommes qu'ils auront reçues pour salaire de leur travail.

« 3/4 Aux actionnaires proportionnellement au nombre d'actions.

« 2° 2/8 Restant à la caisse, comme
secours, pour être distribués aux blessés, veuves et orphelins, selon leurs
besoins reconnus par un procès-ver-
bal de délibération, qui fixera les secours à accorder.

« 4° 3/8 Pour subvenir à l'amortisse-
ment d'un nombre d'actions qui sera
tiré au sort tous les ans.

« Les marchands de pavés auraient
un délai qui sera fixé par l'assemblée
pour écouler leurs marchandises ac-
tuellement fabriquées. Dans le cas où
ils voudraient former un fonds à la
compagnie, cette dernière recevrait
leurs marchandises après inventaire
contradictoire, et les marchands seraient payés en action de la compagnie, suivant les prix qu'ils auraient
payés aux carriers, voituriers, compteurs, ou pour droits de ports, sans
aucun bénéfice.

« L'assemblée générale aura lieu tous les mois pour vérifier et arrêter les livres de caisse, comptabilité, et sanctionner les opérations d'achat et de vente de la compagnie.

« Telles sont, Messieurs, les notes que j'ai l'honneur de vous soumettre, trop heureux si je peux être utile à mes concitoyens.

« Salut et fraternité. »

F. P....

Après avoir résolu quelques objections qui lui furent posées, l'homme qui venait de faire la lecture de ce réglement descendit de l'espèce de tribune improvisée sur laquelle il était monté, et, la figure radieuse d'espérance, de voir ses vœux se réaliser, il se mêla à l'un des groupes qui déjà descendaient de la montagne pour revenir à la ville où il habitait. Tout porte à croire que les espérances de notre orateur ne furent

qu'illusoires, car, soit que les carriers
n'eussent pas compris tous les avantages de cette association, soit que les
capitalistes fussent restés sourds à l'appel qui leur avait été fait, ces hommes
continuent isolément le travail dévo-
rantqui consume lentement leur existence, en attendant que cette maladie
de langueur, qui commence avec leur
apprentissage, les jette sur le grabat
où ils meurent dans la misère la plus
horrible.

M. P., tirant alors sa montre de son
gousset, et voyant l'heure avancée, in-
vita sa nièce à borner là leur promenade de ce jour. Revenant un peu
sur leurs pas, ils prirent le sentier
qu'avait suivi la dame affligée, gagnè-
rent le pavé de la route d'Orléans, et
rentrèrent à Fontainebleau.

III.

TROISIÈME JOURNÉE.

———

Cette journée ne s'annonça pas aussi belle que la précédente. Un brouillard épais comme un vaste manteau d'un gris foncé, enveloppa la ville jusque vers les neuf heures; pourtant il parut se dissiper; et le soleil, pâle et comme languissant, lançant avec mollesse de temps en temps quelques uns de ses rayons à travers les nuages qui chargeaient l'horizon, nos promeneurs étaient indécis. Plusieurs fois déjà Laure était allée interroger le ciel;

mais elle était toujours revenue en se-
couant la tête d'une façon qui voulait
dire : ce temps n'est pas sûr. Cependant vers dix heures, le firmament reprit les teintes bleues qu'il avait la
veille, et le soleil ce ton d'or qu'il
semblait avoir perdu dans la matinée.
Laure et son oncle, un peu rassurés,
se mirent donc en marche pour gagner
le point du sentier d'où ils étaient
partis la veille. D'autres promeneurs,
moins timides sans doute que les nô-
tres, en parcouraient déjà les gracieu-
ses sinuosités. Deux dames, entre autres, attirèrent leur attention par la
précipitation avec laquelle elles traversèrent le plateau où, la veille, s'é-
taient rassemblés les Carriers.

Comme ce point était connu de M. P.
et de sa nièce, ils ne s'y arrêtèrent
pas; aussi furent-ils bientôt à l'entrée
d'un passage étroit pratiqué par la nature entre deux roches qui ont dû,
autrefois, n'en faire qu'une.

— Oh! oh! fit la jeune fille, on est bien à l'étroit ici, mon oncle; il ne faudrait pas que le gros monsieur, que nous avons rencontré en passant près de la bascule du carrefour de l'obélisque, fût poursuivi dans ce défilé; il pourrait bien y laisser un peu de son ventre!...

Cette plaisanterie de Laure tira son oncle de l'espèce de rêverie dans laquelle l'avait plongé la vue du plateau où, la veille, il s'était agité une question de si grande importance.

Passage à la Biche, lut la jeune fille sur une roche qui se trouvait à l'extremité. — Tiens! pourquoi lui avoir donné ce nom!...

— Attends donc!... reprit M. P.. en passant sa main sur son front, comme pour recueillir ses souvenirs. Ah! voilà... j'y suis... C'était sous le règne de Charles X... dans une des chasses brillantes qu'il avait l'habitude de faire dans la forêt de Fontainebleau,

10.

une biche, jeune encore, pleine de vie,
de force, d'agilité, dont la course rapide semblait à peine effleurer l'herbe
qu'elle avait sous ses pas, et dont la
robe luisante laissait compter ses vei-
nes et admirer ses formes élégantes,
vint se réfugier aux pieds de la duchesse
d'Angoûlème, comme dans un asile
inviolable, pour se soustraire à la fu-
reur des chiens, acharnés à sa pour-
suite. L'air suppliant que sait prendre
ce bel animal, les larmes qui semblaient s'échapper de ses yeux, l'achar-
nement des chiens à la poursuivre,
excitèrent dans le cœur de la princesse
un sentiment de commisération; elle
ordonna aux piqueurs de faire rappeler les chiens, et prit la biche sous
sa protection. Détachant alors un collier de perles d'assez grande valeur,
qu'elle portait à son cou, elle le passa
dans celui de l'animal, dont l'œil hu-
mide et suppliant semblait demander
grâce. Elle attendit ensuite que la

chasse eût quitté ces parages, et lui donna sa liberté. Quelques années après, une chasse royale eut encore lieu dans cette partie de fôret; une biche, blessée d'un coup de feu, fut trouvée gisante dans l'enfoncement que tu vois ici, et que protégent ces trois bouleaux; elle avait au cou le collier de perles que lui avait passé la duchesse d'Angoulème. Le roi averti arriva aussitôt en cet endroit, reconnut en effet le collier de la princesse, ordonna que la biche lui serait envoyée telle qu'on l'avait trouvée, et que toutes les précautions possibles seraient prises pour qu'elle lui arrivât vivante. Voilà sans doute pourquoi on a donné à ce défilé le nom de *Passage à la Biche*.

Après cette explication, que Laure accepta en souriant d'un air incrédule, nos promeneurs s'avancèrent de quelques pas, non sans remarquer sur la gauche, en quittant un peu le sentier, une jolie grotte garnie de tables et

de siéges, et à droite une petite retraite
sentimentale formée dans l'épaisseur
d'une roche. Ils se trouvaient en présence d'une énorme masse de grès qui,
dans ce moment, sans doute, en raison
des pluies abondantes qui étaient ré-
cemment tombées laissait échapper par
quelques fissures, que l'on remarque
vers le milieu de sa hauteur, comme
des larmes d'une eau claire et limpide,
quand Laure, prenant la parole :

— Je ne sais, dit-elle, quel nom on
a donné à cette roche; mais si l'on me
faisait sa marraine, je l'appellerais
Niobé.

Niobé!.... et pourquoi?... reprit
l'oncle.

— Parce que, répondit la jeune fille,
j'ai lu dans les Métamorphoses d'Ovide
l'histoire d'une femme, appelée de ce
nom, qui a quelque analogie avec les
espèces de pleurs qui s'échappent du
sein de ce rocher

— Niobé était l'épouse d'un grand

prince ; chaque jour elle voyait age-
nouillés à ses pieds une foule de courtisans parmi lesquels se trouvaient,
comme d'ordinaire, les personnages
les plus marquants de son royaume.
L'encens qu'elle en recevait l'avait
enivrée d'orgueil, et, ce qui exaltait
encore cet orgueil, c'était le grand
nombre d'enfants dont elle était mère,
chose qui, à cette époque, était con-
sidérée comme une faveur des Dieux.

— Il n'en est plus de même aujour-
d'hui, pensa M. P. : la fécondité d'une
mère est regardée comme une source
de misères.

... Elle se croyait au-dessus de toutes les divinités. Un jour, au lieu de
venir humblement, comme toutes les
autres dames, apporter son offrande
aux pieds des prêtres de Latone, qui
offraient un sacrifice à cette déesse,
elle ordonna aux gens de sa suite d'en
troubler les cérémonies. Latone, irri-
tée d'une telle profanation, demanda.

vengeance à ses enfants, de l'affront
que cette reine orgueilleuse venait de
lui faire. Sa prière fut exaucée. Le
premier châtiment qui vint frapper
Niobé, fut la mort de son mari ; bientôt tous ses enfants moururent succes-
sivement sous ses yeux, et tous de mort
violente ; seule, elle resta debout au
milieu de leurs blessures. Sa douleur
fut si profonde, qu'elle en fut, à pro-
prement parler, pétrifiée : tout son
corps fut changé en rocher. Alors un
tourbillon impétueux l'emporta, la
déposa sur une haute montagne, où
la pierre, en quoi elle fut convertie,
donne encore des larmes à ses malheurs.

Il y a en effet, reprit M. P., un rapprochement frappant.... Moi, ajouta-
t-il, je l'aurais nommé le *rocher d'Hé-*
raclite.

— A mon tour, je vais vous demander pourquoi? dit Laure.

— C'est parce que, répondit M. P.,

ces larmes me rappellent celles que
versait continuellement ce philosophe
sur les travers du genre humain.
Peut-être avait-il raison dans son
temps; mais ce qu'il y a de certain,
c'est que, s'il vivait encore aujour-
d'hui, il n'aurait pas lieu de se consoler.

— Oh! mon oncle, mon allusion
est plus juste que la vôtre; allons,
avouez-le.

— Je l'admets, ma chère enfant,
répondit l'oncle; mais chacun à son
rôle. Tu es jeune, toi, tu vois tout à
travers le prisme brillant de l'imagination; moi, je suis vieux, il me faut
de la réalité.

En causant ainsi, nos promeneurs
savouraient les charmes que déplo-
yait à leur yeux une jolie gorge semée de vertes touffe de houx et de
genévriers, et entourée d'une ceinture
de rochersénormes qui, par leurincli-
naison, paraissaient n'être soutenus

que par une puissance magique aux
flancs de la montagne.

Après quelques reflexions de M. P.
sur le pittoresque de ce point de vue,
ils continuèrent leur promenade.

Chaise de Cuvier!.... lut encore la
jeune fille en regardant au pied d'une
roche qui, en effet, avait exactement
la figure d'un fauteuil.

— Ceci ne peut être qu'un hommage
rendu à la mémoire de ce grand natu-
raliste, dit M. P.; car je ne suppose
pas qu'il soit jamais passé dans ce
lieu, ce qui pourtant ne serait pas impossible; toutefois, le souvenir de ce
grand homme est au milieu de ces ri-
chesses de la nature, dont l'esprit lui
inspira de si belles pages : car Cuvier
fut non seulement un grand natura-
liste, mais encore un grand écrivain.
La mort le ravit à la France en 1832.

M. P. donnait ces détails à sa nièce, quand celle-ci, comme toutes les
jeunes filles, usant plus de ses yeux

que de ses oreilles, l'interrompit pour
lui faire voir deux dames assises sur
le gazon, dans une espèce de cabinet
de verdure qui traverse, en cet endroit,
le sentier, c'étaient les mêmes qu'ils
avaient rencontrées sur le Plateau de la
Réunion, et dont ils avaient remarqué
la marche précipitée. L'une des deux,
d'une taille assez élevée, autant que
permettait d'en juger la position qu'elle
occupait en ce moment, paraissait âgée
de trente-cinq à quarante ans. Une
fermeté à toute épreuve devait être la
base du caractère de cette femme. Les
lignes sévères de sa figure, le pli qui
coupait horizontalement son front, la
légère contraction de ses lèvres, qui
paraissaient ne se prêter que difficile-
ment au sourire, tout annonçait chez
elle une de ces volontés de fer devant
laquelle tout doit céder.

La ressemblance presque parfaite
entre ces deux dames, sauf l'effet produit par la différence d'âge, faisait

11

deviner, sans crainte de se tromper, que de ces deux femmes, l'une était la mère, et l'autre la fille.

La plus jeune des deux, c'est-à-dire la demoiselle, occupée à broder un col au crochet, paraissait écouter avec beaucoup d'attention une lecture que lui faisait sa mère, dans un journal qui, à son petit format, paraissait être un n° de l'*Abeille*, journal de Fontainebleau.

L'apparition des deux étrangers attira leurs regards, et la lecture cessa aussitôt.

— Ces dames, à ce qu'il paraît, dit M. P., étaient fatiguées de leur promenade, et elles se reposent?....

— La fatigue que l'on commence à éprouver quand on a fait le trajet qui nous sépare de Fontainebleau, jointe à l'aménité du lieu où nous nous trouvons, explique naturellement notre station dans cet endroit, répliqua avec froideur celle des deux femmes qui paraissait être la mère.

— Il est de fait, reprit l'oncle, qu'on
ne saurait mieux choisir un lieu de
repos. Tout concourt ici à satisfaire le
promeneur un peu fatigué : ces bancs
de gazon, ces pins, dont le feuillage le
protége contre l'ardeur du soleil, ces
petits genévriers, dont la verdure tendre repose agréablement la vue, rien
ne manque pour rendre ce lieu un des
plus agréables ; c'est une espèce d'oasis placé au milieu du désert qui nous
environne ; et s'il n'y a pas d'indis-
crétion, mesdames, nous vous deman-
derons la permission de nous joindre
à vous, pour admirer une fois de plus
les soins complaisants qu'a pris du
promeneur, l'homme qui a fait ce joli
sentier.

— Comment donc !... monsieur !...
mais pas la moindre,... dit la dame en se
reportant un peu plus loin et en rapprochant d'elle les plis de sa robe ,
comme pour faire de la place.

— Ne vous dérangez pas, Mesdames, je vous en prie, dit M. P.; la place est grande, et nous trouverons facilement où nous asseoir.

Après ces politesses d'usage en pareille circonstance, M. P. et sa nièce prirent place à côté des deux dames.

— Vous étiez occupées, je crois, reprit-il, à faire la lecture? Que notre présence ne vous trouble en rien, et si c'est quelque chose que nous puissions entendre, nous serions enchantés que vous voulussiez bien continuer.

La dame s'excusa sur son peu d'habitude de lire à haute voix; néanmoins, sur l'invitation réitérée de M. P., elle se décida à reprendre le journal qu'à la vue des étrangers elle avait déposé à côté d'elle.

— Nous avons commencé, dit-elle; c'est l'histoire d'un brave homme de la forêt de Fontainebleau, à qui plusieurs actions d'éclat, pendant qu'il était militaire, auraient dû valoir une récompense, mais dont le nom fut malheureusement enseveli dans l'oubli. Pour que vous soyiez au courant de cette histoire, nous allons reprendre le commencement.

— C'est trop de bonté, madame, répondit M. P.; nous ne méritons pas....

La dame commença :

« En écoutant raconter par quelques uns de nos compatriotes, anciens soldats de l'empire, les aventures de leur vie militaire, cette pensée nous est venue, que la gloire et le renom n'étaient pas toujours la rémunération des belles actions de bravoure et de potriotisme. Il en est un grand nombre qui ne se produisent aux yeux de tout le monde, ni par l'éclat des rubans, ni par de brillantes épaulettes qu'un heureux hasard n'a pas jetées au vent de la publicité, qui n'ont pas trouvé place dans le cadre des bulletins de bataille, et qui pourtant, alors qu'on les révèle, qu'on les exhume de l'oubli où elles étaient ensevelies, viennent tout-à-coup se placer au rang des plus glorieuses, et les effacent quelquefois.

« Ces actions d'héroïque courage, ces faits d'admirable bravoure, vous en avez cent fois entendu le récit, et c'est avec un indicible plaisir que vous l'écoutez encore. Enfant, on vous les disait au cercle de famille, pendant les longues soirées d'hiver, et elles vous faisaient oublier le sommeil; jeune homme, l'active imagination de votre âge vous les revêtait des charmes de l'enthousiasme et du désir de les imiter, et votre cœur se gonflait de bonheur et de noble fierté; vieillard, vous vous les rappelez avec délices, et elles sont pour vous l'objet des plus doux entretiens.

« Rien de plus simple pourtant, si ce n'est le héros lui-même, et la nature de son récit. Le plus souvent c'est un vieux grenadier vous racontant la

campagne de Russie et l'incendie du
Kremlin; c'est un honnête ouvrier
vous disant la chaleur accablante du
désert, la soif au milieu des sables
brûlants, et les déceptions du mirage;
un autre vous dépeignant l'horreur
des pontons anglais, et les misères de
Cabrera; bulletins admirables, bre-
vets précieux d'honneur et de patrio-
tisme, que vous chercheriez en vain
aux rayons ambitieux des célèbres
archives, et que vous ne trouvez que
dans les traditions de famille des
vieux soldats, où s'en conserve religieusement le précieux dépôt.

« Fontainebleau peut s'enorgueillir
d'avoir pris sa part des glorieuses
luttes de la République et de l'empire; plusieurs de ses enfants y ont
trouvé une mort héroïque, et ceux
que les boulets et la mitraille ont
épargnés témoignent du courage de
leurs frères d'armes, et de la belle place
qu'ils se sont faite dans les rangs de

la grande armée. Ceux-là ont conservé dans leur mémoire le souvenir
des faits de grande valeur, des actions
de courage éclatant, dont la révéla-
tion nous a vivement impressionnés,
et que nous avons résolu de tirer
de l'oubli dans lequel ils sont en-
fuis.

« Nous avons pensé que la publica-
tion de faits de cette nature, ignorés
du plus grand nombre, en même
temps qu'elle indiquerait aux masses
les hommes qui ont droit à leur véné-
ration, ne serait pas sans intérêt
pour nos lecteurs, du nombre des-
quels nous rencontrons souvent les
héros eux-mêmes.

« Après la fatale campagne de Russie, il fallait remplir les rangs de la
grande armée, éclaircis par les désas-
tres de la retraite. On organisa cent
cinquante régiments qui furent com-
plétés par les conscrits de 1813,
levés prématurément. Les jeunes gens

de Fontainebleau, conscrits et volontaires, se dirigèrent des premiers sur Paris, où on les enrôla. Au nombre de ces jeunes gens se trouvait le nommé Antoine Coutor. C'est de celui-ci dont nous avons entrepris de vous raconter la vie de soldat, qui, quoique de courte durée, n'en fut pas moins bien remplie. Désigné pour se rendre à Mayence, Coutor se fit remarquer pendant la route par l'insouciance et la gaîté avec lesquelles il marchait là où ses devanciers avaient trouvé le trépas. A son arrivée, il fut fait sergent par son colonel, le brave Lury, qui, plus tard, devait tomber en défendant bravement notre frontière. Le 2 mai 1813, sur le champ de bataille de Lutzen, le 135ᵉ régiment, celui de notre sergent, concourut pour sa part à assurer le succès de cette belle journée. C'est là que Coutor reçoit le baptême du feu, qui devait le rendre si fort et surtout si audacieux pendant tout le

temps que dura sa vie militaire. A la
tête d'un détachement du 135e, auprès
de Kleingorachen, au moment où le
général Lobeau, à la tête de la division Ricard, reprenait le village de
Kara, il soutint le choc d'un régiment
prussien tout entier; puis il se mêla
aux soldats du général Girard, qui,
quoique couvert de blessures, voulut
rester sur le champ de bataille, et disait à ses soldats : « C'est la journée
de la France; il faut ici venger l'affront de Moscou, ou mourir!.. » Un
officier supérieur avait remarqué la
conduite intrépide de Coutor; il demanda son nom, prit sur lui des in-
formations: toutes lui faisaient honneur; mais cette fois, comme plus tard,
l'oubli fut sa seule récompense.

« A Bautzen, toute l'armée fit son
devoir; Coutor n'y faillit pas; il ne
mit son arme au repos que lorsque les
Russes vaincus eurent abandonné le
champ de bataille.

« A Leipsick, il fait partie de la division Ponyatowski ; sa place est toujours en avant. Posté à quelque distance d'un détachement de Prussiens qui gardaient un caisson de munitions, il rassemble quelques hommes courageux comme lui ; il s'élance à leur tête sur le détachement, le culbute ; s'empare des munitions en s'écriant avec un air triomphant : Les benets ! qui donnent des verges pour se faire fouetter ! Mais hélas ! son triomphe ne devait pas être de longue durée ; quelques instants après, le grand pont de l'Elster sautait, et les braves de Ponyatowski, à l'exemple de leur général, se jetèrent à la nage dans le fleuve, où plus d'un des vieux soldats qui avaient bravé le Simoon du désert et les glaces de la Russie, ne pouvant résister à la rapidité de son courant, furent ensevelis pour jamais sous ses flots ennemis.

« L'armée française battait en retraite, mais elle le faisait avec majesté. L'en-

nemi, qu'en se retirant, elle laissait
libre dans ses opérations, la harcelait
sans cesse; battu la veille sur un point,
il se montrait le lendemain sur un autre,
pour s'y faire battre encore. C'est dans
un de ces combats isolés que notre héros
vint tout à coup, par un acte de courage digne d'admiration, se placer au
rang des plus braves et des plus mé-
ritants. En effet, se dévouer à une mort
presque certaine pour sauver ses frères
du danger, et, nouveau Décius, aller se
précipiter dans le gouffre béant qui
attend une victime, au risque d'y être
englouti, n'est-ce pas bien mériter de
la Patrie, n'est-ce par se créer des ti-
tres à la reconnaissance du pays? C'est
ce que fit Coutor.

« La ville de Leipsick était tombée au
pouvoir des coalisés; la grande armée,
veuve d'une partie de ses vétérans et
de ces jeunes soldats dont le zèle,
l'audace et le courage ne le cédaient
en rien à ces derniers, se retirait de la

lutte, morcelée, comme nous l'avons dit
plus haut, et semblait s'empresser de
regagner les frontières pour couvrir
avec sollicitude de son corps mutilé,
la France que semblaient couver d'un
œil profane les puissances étrangères.
Près de Cologne, la division, dont
Coutor faisait partie, se trouve soudainement en présence de l'ennemi. Une
pièce de campagne est démasquée, et
la mitraille porte la mort et le désor-
dre dans les rangs du 135°. Le colonel Lury, confiant dans le courage ingénieux du sergent Coutor, le fait ap-
peler; et lui adresse ces paroles : « Sergent, le 135° est engagé d'honneur à
rester au poste qui lui est assigné; les
cannoniers hongrois, qui, en ce moment, nous tiennent en flanc, vont nous
massacrer. Vingt-cinq hommes résolus
que je vais vous donner, vont vous suivre, à la faveur de ce petit bois que
vous voyez là, sur la droite; vous tour-
nez la pièce, vous attirez l'attention

des artilleurs, je fais un mouvement
sur eux, et vos frères sont arrachés à
une mort certaine. Allez, je vous connais, et je suis assuré du succès. » Le
brave sergent, sans faire la moindre
réflexion, se met à la tête des vingt-
cinq hommes qui, de bonne volonté,
avaient quittés les rangs ; il part. Une
décharge terrible les salue au début ;
onze de ses hommes mordent la poussière. Le danger alors, loin de l'effrayer, ranime son courage ; il s'élance
dans le bois, qu'il parvient à gagner ;
les hommes qu'avait épargnés la première décharge le suivent. Mais le pointeur, qui un instant les avait perdus
de vue, les aperçoit à travers le bois ;
il dirige la pièce vers le point où il
présume que la petite troupe va sortir :
ses prévisions ne l'avaient point trom-
pé ; bientôt il voit briller des armes,
il fait le terrible signal, le coup part et
dix hommes jonchent la terre. Coutor
alors crie aux quatre hommes qui lui

restaient : Amis, vengeons nos frères,
ou mourons avec eux. » Il s'élance une
seconde fois, se croyant suivi de ses
camarades. Cependant la pièce est
rechargée, le fer de la mitraille attend
de nouvelles victimes ; la première
qu'elle atteindra c'est le sergent. Bra-
vant la mort, il s'arrête, car le pointeur
à déjà donné le signal, et le deuxième
servant de droite à déjà levé son bras
armé de la mèche enflammée. Coutor
apprête son arme avec le sang-froid
du courage ; d'un coup d'œil rapide
il mesure la distance qui le sépare du
servant ; le coup part, et ce dernier
roule avec la mèche qu'il avait en main
aux pied de ses camarades. Ceux-ci, effrayés du mouvement que faisait en
ce moment le reste du 135e, prennent
la fuite, et notre sergent s'empare de la
pièce, et la ramène triomphalement
devant le front de son régiment, qu'il
venait d'arracher au trépas pas sa bravoure. Le colonel, fier de posséder un

tel homme dans son régiment, l'embrasse et le présente au général Barrois en lui disant : « Général, voici le brave qui vient de sauver le 135ᵉ d'une destruction complète. » Le Général félicita le sergent sur sa belle conduite, et ordonna au colonel de le porter sur le tableau des premières promotions dans la Légion-d'Honneur. Deux jours après, un boulet emportait Lury, et Coutor fut oublié...

« Quand l'armée française eut regagné la frontière, il lui fallut continuer cette lutte acharnée qu'elle avait eu jusqu'ici à soutenir contre l'Europe entière. L'ennemi marchait sur Paris, mais de défaite en défaite. Nos vieux soldats de la campagne de France, ceux qui ont défendu pied à pied le sol de la patrie, vous diront en effet : nous avons battu Alsusneif à Champeaubert, Sacken à Montmirail, Yorck à Chateau-Thiery, Blücher à Vauchamps, et les princes de Wurtemberg

ét Hohenlhoe à Montereau, ét si nous
avons cédé, c'est à la trahison. Pour
notre héros, la campagne de France
commença à la frontière et finit sous
les murs de Paris.

« Mil huit cent quinze le trouva dans
la vieille garde; il avait quitté ses ga-
lons de sergent pour y entrer comme
fifre, tant était grand chez lui le désir de faire partie de ce corps, dont
le nom et la valeur à toute épreuve
passeront à la postérité la plus reculée
A l'heure du danger, nous voyons encore Coutor quitter sa place auprès
des tambours, pour s'élancer dans la
mêlée, au plus fort du combat. A Wa-
terloo, son intrépidité ne se dément
pas. Un grenadier tombe, il s'empare
de ses armes, et, placé entre deux gro-
gnards du bataillon sacré, il combat
vaillament jusqu'au moment où, vio-
lemment atteint d'un biscayen, il tombe, croyant au succès de la bataille, et
perd connaissance. Quand il revient à

lui, il s'aperçoit, au frisson qu'il éprouve, qu'il a été dépouillé de ses vêtements. Il se trouvait nu, lui vivant, au milieu de monceaux de cadavres. Un convoi de blessés le recueillit, et, jeté avec d'autres malheureux entassés pèle mêle dans un fourgon, il fut transporté à Bruxelles. A peine convalescent, il fut envoyé en Angleterre. On sait quelle fut la position de nos malheureux compatriotes que le sort de la guerre jeta sur les pontons anglais. Nous jetterons un voile sur cette phase douloureuse de la vie de notre héros, pour le suivre à son retour en France, en 1816, époque à laquelle il se maria. Depuis ce temps, honnête, paisible et laborieux ouvrier, Coutor travaille de la profession de maçon, qu'il avait embrassée dans sa jeunesse. En 1830, il salua avec enthousiasme le vieux drapeau sous les plis généreux duquel il s'était couvert de gloire, et ne se croyant pas encore quitte

envers sa patrie, il entra dans les
rangs de la garde nationale, où ses
camarades lui conférèrent le grade
de sergent. Fatigué aujourd'hui, il
est rentré dans la vie purement civile,
où son âge le dispense de tout service militaire. Son habit de sergent
est suspendu dans le fond de son al-
côve, et parfois, en regardant ses ga-
lons, il se prend à songer à l'oubli
dans lequel l'a laissé son pays: moins
ingrat que lui, il lui a donné vingt
enfants. »

Après cette lecture, qui avait vivement intéressé nos promeneurs, ils
se levèrent, et M. P., s'adressant aux
deux dames :

— Ces dames, dit-il ne continuent
pas leur promenade?...

— Non, monsieur, répondit la mère;
nous attendons ici quelqu'un, que
vous rencontrerez, sans doute, travaillant à embellir quelque nouveau passage sur ce sentier.

— Un sourire significatif effleura les lèvres de la jeune fille qui était assise auprès de sa mère. M. P., qui avait surpris ce sourire, et qui se rappelait la précipitation avec laquelle ces femmes marchaient quand il·les avait rencontrées sur le Plateau de la Réunion, en pénétra le sens.

— Quoi! mesdames, reprit-il, seriez-vous... parentes de l'ingénieux et courageux artisan de ce sentier?

— Sa femme et sa fille... répondit la mère.

M. P. leur fit compliment du bonheur d'avoir pour époux et pour père un homme tel que celui, dont mille fois déjà nous avons eu à admirer le bon goût et la courageuse patience.

— Je comprends alors, ajouta-t-il, les dispositions coquettes de ce joli petit endroit : c'est une galanterie à votre adresse....

— Nous devions y stationner les premières, reprit la dame à la figure sé-

vère, et lui donner nos noms : aussi
l'appelle-t-on *l'Oasis des deux Sophies*.

M. P. et sa nièce prirent alors congé
des deux dames, descendirent le sentier dont la pente, assez rapide en cet
endroit, décrit une courbe gracieuse,
et arrivèrent bientôt auprès d'une
roche énorme, dont la légèreté avec
laquelle elle repose sur une autre, ferait presque croire qu'elle est descen-
due du ciel, ce qui lui a mérité le nom
d'Aérolithe.

De là ils s'engagèrent dans une espèce
de passage voûté, formé par la rencontre des parties supérieures de deux
énormes blocs. A quelque distance, ils
s'arrêtèrent au pied d'un vieux chêne
que la foudre et le vandalisme des gens
qui vont ramasser du bois mort dans
la forêt, ont horriblement mutilé.

—Quel dommage! dit M. P.; faut-il
qu'il y ait encore, dans un pays civi-
lisé, des gens assez barbares, assez insensible aux beautés de la nature,

pour oser porter une main sacrílége
sur ces vieux débris, que le temps lui
même semble avoir respectés!...

Laure, qui avait devancé son oncle
de quelques pas, l'appela en ce moment
pour lui montrer, au-dessus d'une vaste excavation, creusée naturellement
dans l'épaisseur même d'une roche,
et assez large et assez profonde pour
qu'un homme s'y puisse cacher facilement, une incription ainsi conçue :
Retraite de Louvet en 1793.

— J'avais déjà entendu dire, dit M.
P., qu'il y avait, dans ce sentier, un endroit que l'on appelait ainsi ; j'ai fait
à ce sujet quelques recherches, et je
suis parvenu à découvrir, non pas d'une
manière certaine, il est vrai, que le
conventionnel Louvet, quelque temps
avant sa proscription, ayant habité la
ville de Nemours avec Lodoïska, sa
femme, avait cherché, après le 2
juin, un asile dans cette ville ; mais
que, reconnu par les habitants, il

avait été obligé de fuir, et que, pour
échapper aux poursuites qui étaient
dirigées contre lui, il s'était réfugié
dans la fôret, ou il s'était caché. Est-ce
ici, est-ce ailleurs? Voilà ce que je ne
puis affirmer; je ne voudrais même pas
donner ces détails comme authenti-
ques, attendu que je n'ai qu'une foi mé-
diocre dans les documents qui m'ont
été fournis sur ce sujet.

— Mon oncle, reprit Laure, ce nom
de Louvet se présente assez souvent
dans l'histoire de la Révolution française; mais je ne me rappelle plus
bien dans quelles circonstances.

— Ce nom, ma chère enfant, reprit
M. P., nous rappelle une des époques
les plus désastreuses de notre histoire.
On eût dit alors que Dieu, se repen-
tant encore une fois d'avoir créé le
monde, voulait de nouveau l'ensevelir
sous un déluge de maux. Les iniquités
des grands, leurs exactions, leurs
concussions, les vexations, dont il

abreuvaient chaque jour, avec plus
d'audace, les classes de la société,
qu'ils tenaient enchaînées à leurs
pieds, avaient inspiré à ce Dieu, dont
tous les hommes, sans acception de
personnes, sont les enfants, un sentiment de profond dégoût. Il détourna
les yeux de sur la France, et le chaos
se fit. Le peuple français, brisant alors
ses chaînes, en jeta les débris à la
face de ceux qui les lui avaient im-
posées; il se fit libre. Mais comment
user de cette liberté?... Habitué, depuis de longues années, à courber ser-
vilement son front sous le despotisme
de ses maîtres, l'esclavage semblait
être son état normal. Semblable à ces
prisonniers privés depuis longtemps
de la lumière du jour, il lui fallait des
transitions graduées, bien ménagées
pour l'habituer à son nouvel état.
Dieu comprit ses besoins. Sans arrêter
tout-à-coup cette force brutale inin-
telligente, qui caractérise l'enfance

des peuples, il lui opposa des hommes
savants, astucieux, jaloux depuis long-
temps du pouvoir, que leurs talents
plaçaient dans les rangs de la nobles-
se, mais que leur naissance réléguait
dans les classes plébéiennes. Il en
composa cette classe moyenne, her-
maphrodite, connue sous le nom de
Bourgeoisie. Instruments aveugles
dans les mains du Tout-puissant, ils
croyaient travailler pour eux, tandis
que, sans s'en douter, ils préparaient
l'avènement du peuple au pouvoir
souverain. Imbus de matérialisme, ils
ne pensaient pas que la destinée des
hommes ne se décide presque jamais
d'après leurs actions, ni sur le théâtre
où ils agisent, que tandis qu'ils s'imaginent travailler de leurs propres
mains à leur avenir, il y a quelque
part quelque chose de plus fort
qu'eux, dont dépend, sans qu'ils puissent s'en douter, le bonheur ou le
malheur de leur vie.

13

La classe moyenne donc, croyant
s'emparer d'un pouvoir, quand elle
ne faisait que l'accepter des mains du
souverain maître, ramassa les débris
des fers, qu'elle avait aidé le peuple
à briser, parvint, par des moyens
adroits, à les ressouder, et voulait les
remettre aux pieds et aux mains de ce
peuple à qui elle avait eu l'impru-
dence de montrer la liberté à la lueur
des flammes qui avaient devoré la
Bastille. Il résista dabord; mais l'a-
dresse de ses nouveaux maîtres le
dompta. Ils furent victorieux, mais
seulement le temps nécessaire pour
que ce peuple, encore ignorant en
matières politiques, pût prendre sa première leçon. Mulets dans l'ordre moral,
ces hommes ne purent rien produire,
et, nouveaux ouvriers d'une nouvelle
Babel, bientôt ils ne s'entendirent plus.
Ils se divisèrent, et alors commença
cette terrible lutte entre les Jacobins
et les Girondins. Tour à tour vain-

queurs et vaincus, les hommes de ces
deux partis formidables se livrèrent
enfin un rude et dernier combat. Les
Girondins succombèrent; terrassés,
mais non vaincus, ils appelèrent à
leur aide la guerre civile; et le peuple, qui devait, selon les décrets de
la Providence, pour son instruction
politique, passer par toutes ces phases douloureuses, répondit à leur appel. Des flots de sang rougirent alors
le sol français; et ce ne fut que lorsque les victimes manquèrent que la
mort suspendit ses coups. Louvet, l'un
des Girondins dont le parti renversé
venait d'être mis hors la loi, c'est-à-
dire, voué à l'exécration publique, se
décida, avec quelques uns de ses amis,
entre autres Guadet et Barbaroux, à
prendre la fuite pour échapper à la
proscription dont ils étaient frappés.
C'est probablement à ce moment qu'il
vint à Nemours, pensant y trouver un
asile, et que, poursuivi, il fut obligé

de se cacher dans cette caverne jusqu'au moment où il pût en sortir
pour gagner les grottes de St-Emilien,
dans le Jura, ou nous savons, d'une
manière certaine, qu'il se réfugia jusqu'au neuf thermidor, époque où les
vainqueurs de la veille furent les
vaincus du lendemain.

Après avoir brisé ces instruments
dont la fonction était remplie, Dieu,
toujours pour notre instruction, sus-
cita un homme extraordinaire. Son
siècle, comme effrayé de la hauteur
de son génie, s'inclina humblement
devant son despotisme d'un nouveau
genre, et, enflammé par un vain a-
mour de ce que cet homme lui mon-
tra comme la gloire, le peuple alla
en chantant porter sa vie sur les
champs de bataille. Son règne ne dura aussi que le temps nécessaire pour
que ce peuple prît une seconde leçon;
et alors Dieu, irrité de ce qu'il voulût
sortir de la voie qu'il lui avait tracée,

le brisa sur un rocher de l'Atlantique.

La démocratie alors avait fait un
grand pas. Ses maîtres, si fiers naguère, acceptèrent humblement les
conditions qu'elle leur imposa : elle
gagna une charte constitutionnelle;
c'était assez pour cette époque. Mais
bientôt cette charte, quoique très
large en faveur de la royauté, ne le
fut point encore assez; elle gêna les
mouvements réactionnaires des gou-
vernants, et un jour, sans plus de
formes, ils la déchirèrent. Le peuple,
comme je te l'ai dit, avait déjà reçu
de grandes leçons; il avait essayé ses
forces, et, les connaissant, il souffla
alors sur le roi parjure, et son souffle
le transporta, lui et toute sa famille,
sur la terre d'exil.

Un homme alors se rencontra, hy-
pocrite raffiné, miroir fidèle de toutes les passions égoïstes qui jalou-
saient le pouvoir déchu. Avec un peu
d'or, il ramena à lui toutes ces cons-

ciences vénales, opprobres de tous les
partis, et tenant d'une main ferme les
fils qui faisaient mouvoir toutes ces
marionnettes politiques, durant dix-
huit ans il s'engraissa des sueurs du
peuple français. Là se terminait la
nouvelle leçon que Dieu voulait encore donner au peuple ; en quelques
jours son souvenir même disparut!...
Et maintenant, bon Dieu! quelle leçon nous préparez vous encore!!!

Un soupir profond s'échappa de la
poitrine de M. P. Laure, qui avait
écouté ce discours avec attention, en
était toute émue. Tous deux alors s'é-
loignèrent de la roche sur laquelle
ils étaient appuyés, et bientôt ils se
trouvèrent à l'entrée d'un très joli passage souterrain, dans lequel on descend par cinq ou six marches artiste-
ment posées.

L'impression qu'avait faite sur la jeune fille le coup d'œil rapide, mais
énergique, que son oncle venait de don-

ner, en sa présence, sur la société
française depuis la révolution de 89
jusqu'à nos jours, n'était point encore
effacée; aussi éprouva-t-elle un sentiment de terreur en entrant dans ce
passage où le jour pénètre à peine,
et qui a reçu le nom *d'entrée du Tartare*.

Son cœur fut plus à l'aise quand,
arrivée à l'autre bout, elle vit le soleil
radieux qui dorait la cime des rochers voisins. Ils n'avaient point encore fait vingt pas qu'un nouveau passage s'offrit à eux, la bouche béante;
ils y entrèrent en baissant la tête et s'as-
sirent un instant sur l'espèce de banc
de pierre qui se trouve au fond.

— A peine sortis, ils se trouvèrent
dans un autre: *Passage de la Salamandre*, lut la jeune fille. Voilà encore un
nom singulier! ajouta-t-elle.

— Pour celui-ci, par exemple, dit
M. P., je t'avoue franchement que je ne
puis deviner pourquoi on lui a donné ce nom. Ce ne peut-être que quel-

que souvenir du règne de François 1er.

En faisant ces réflexions, M. P.,
dont les regards ne perdaient pas la
moindre partie des objets qu'il était
venu pour examiner et étudier dans
leurs détails les plus indifférents, aperçut à ses pieds une petite excroissance
de pierre dont la figure allongée pouvait en effet rappeler celle que les
sculpteurs ont donnée à la salamandre
qui décore, en plusieurs endroits, les
appartements du palais. Il fit remarquer cette pierre à sa nièce, qui fit un
léger mouvement de tête, qui voulait
dire, sans doute : Oui.... avec un peu
de complaisance !...

M. P. était encore à dégager avec sa
main le sable qui, amassé par le vent
autour de cette figure, empêchait de
juger comme il faut de sa forme
réelle, quand sa nièce l'appela pour
lui montrer un banc de pierre au-dessus duquel étaient écrit ces mots : *Le
repos de l'Ouvrier-Poëte.*

— Cet endroit, dit Laure, est sans
doute dédié à cet ouvrier-poëte qui a
chanté la fôret de Fontainebleau. J'ai
lu ce poëme avec beaucoup de plaisir.
Ceci me rappelle, ajouta-t-elle, un
jeune homme, ouvrier aussi, travaillant de l'état de peintre en batiments
à Milly, à l'époque où je m'y trouvais
chez ma cousine. Se promenant, un
jour, dans un joli parc qui est situé
à l'extrémité de la ville, il lut des vers
que le fils du propriétaire avait faits,
quelque temps avant de mourir, sur
les bois et sur les oiseaux qui les ha-
bitent. Se sentant soudainement inspiré, il déchira une feuille du carnet
qu'il avait toujours sur lui, saisit son
crayon, et jeta à la hâte sur le papier
ces trois strophes, qui ont fait un certain bruit dans la petite société du
pays.

O toi, qui de ces bois chantas les frais ombrages,
Tu pouvais à loisir, errant sous ces bocages,
Laisser voguer ton âme au gré de tes désirs!

Comme moi, tu sentais que les plaisirs du monde
Glissent comme une feuille abandonnée à l'onde!
Pour toi le désert seul avait de vrais plaisirs !

Tu ne te trompais pas : c'est dans la solitude
Que l'humain voyageur trouve un sentier moins rude,
Que son âme un instant se dégage du corps;
C'est là que le poëte a suspendu sa lyre,
C'est là qu'il la reprend lorsqu'un heureux délire
Fait vibrer sous ses doigts d'harmonieux accords.

Mais cette lyre, hélas! qui chantait la nature,
Faisait bruïr l'écho de ses toits de verdure,
Qui mêlait ses accords aux accords des oiseaux;
Je l'ai vue, ô douleur! où la mort l'a posée ;
Son bois était disjoint, sa corde était brisée,
Elle gisait, muette, au milieu des tombeaux!

Le père du jeune homme à qui ces
strophes étaient adressées, voulut voir
l'ouvrier-poëte, qui, tout en lui rappelant la perte douloureuse de son enfant chéri, avait excité dans son cœur
un sentiment d'admiration reconnais-
sante; et il plaça cette petite Elégie
dans le carton même où il conservait
religieusement toutes les pièces de vers

de son malheureux fils. Je crois avoir reconnu depuis ce jeune ouvrier chez un miroitier de Fontainebleau.

— La rencontre fréquente, de nos jours, de ces intelligences privilégiées dans les rangs du peuple, ma chère amie, reprit M. P., nous prouve encore qu'il s'opère en ce moment une révolution profonde dans les esprits, révolution qui doit, avant cinquante ans, bouleverser de fond en comble tous ces systèmes gouvernementaux basés sur les abus et les préjugés. Malgré les obstacles qui ont jusqu'ici entravé sa marche, l'instruction populaire s'étend chaque jour davantage. Dieu lui-même, pour servir ses vues mystérieuses, ne dédaigne pas d'aller chercher au sein des classes pauvres, pour les placer dans ces institutions essentiellement religieuses que nous appelons séminaires, des sujets qu'il destine à un sacerdoce autre que celui pour lequel on les prépare dans

ces pieux asiles. Quand il a développé
leur intelligence, il les jette à travers
le monde, les uns comme des torches
incendiaires, les autres comme des
fanaux salutaires, tous dans le but
de porter la lumière dans les intelligences des classes plébéïennes. Leur
tâche n'est qu'à moitié accomplie, et
ce qui cause aujourd'hui l'état de tour-
mente et d'agitation dans lequel nous
nous trouvons, c'est que le peuple est
arrivé à l'état de ces demi-savants que
leurs quelques connaissances gonflent
d'orgueil, et rendent le fléau des sociétés. Si au contraire on donnait aux
masses, au lieu de la restreindre, cette
éducation large, profonde, que l'on
n'a mise, jusqu'à ce jour, qu'à la portée des gens riches, eh bien! ce peuple, aujourd'hui si remuant, com-
prendrait enfin la nécessité d'une hié-
rarchie sociale; il aurait en lui la no-
tion de l'autorité, sans laquelle il n'y
a rien de possible, parce qu'alors, il

nommerait avec connaissance de cause
ceux qu'il en ferait les dépositaires. Les
riches, de leur côté, voyant le pauvre
raisonnable dans ses exigences, com-
prendraient la nécessité d'une solidarité d'intérêts qui ferait le bonheur de
tous : parce que tous alors posséde-
raient cette grande science, la plus sublime de toutes, celle que possédaient
les Socrate les Platon, celle qui consiste
à savoir cette seule chose : qu'on ne
sait rien !!..

En faisant ces réflexions, M. P., s'é-
tait engagé dans un autre passage sous
roches, qui se trouve immédiatement
après le banc de pierre que nous venons de signaler. Il suivait silencieuse-
ment sa nièce, en promenant ses regards sur les beautés de tous genres qui
l'environnaient, quand celle-ci prononça le nom de *Lodoïska*. Il leva la
tête, et dirigeant ses yeux sur la partie
supérieure d'une roche énorme, il vit
en effet ce nom écrit en lettres noires.

— Après la rencontre de la grotte
Louvet, dit M. P., il est assez naturel
de trouver dans les environs le nom
de sa femme, et c'est sans doute aussi
le souvenir de cet homme qui a valu
à ce beau chêne, que nous avons rencontré plus haut, le nom de *Chêne de
Barbaroux*.

En donnant ces explications à sa
nièce, M. P. s'était retiré de quelques
pas pour se rendre compte de la forme que pouvait avoir un petit bloc
de grès qui, quoique faisant partie
intégrante de la roche dont nous venons de parler, semblait s'en déta-
cher pour prendre la forme d'une
figure humaine. Il attira doucement
vers lui sa nièce, et lui fit remarquer
ce nouveau caprice de la nature.

Ils descendirent alors le sentier, et
se disposaient à suivre la pente qui conduit au fond de la gorge que traverse,
en cet endroit, une route cavalière,
quand Laure signala un homme.

A sa casquette de drap bleu garnie
d'un passe-poil rouge, à sa veste de
chasse de même couleur, sur le collet de
laquelle étaient brodés deux rameaux
de chêne, ils reconnurent bientôt le
garde-forestier. C'était, en effet, celui
à qui était confiée la garde de ce canton. A leur approche le forestier s'arrêta un instant, porta la main à la visière de sa casquette, et salua M. P. et
sa nièce.

— Bonjour! Monsieur, fit l'oncle en
portant la main à son chapeau.

Monsieur et Mademoiselle sont venus visiter ce beau sentier? dit le garde.

— Oui Monsieur, et jusqu'ici, nous
devons l'avouer à la louange du courageux ouvrier qui en a décoré le
Rocher des Demoiselles, nous n'avons
eu qu'à nous féliciter d'avoir entrepris
cette charmante promenade. Mais,
dites-moi, vous, qui depuis longtemps
parcourez en tous sens ce canton de
la forêt, pourriez-vous nous dire pour-

quoi ce rocher s'appelle le *Rocher des Demoiselles*? J'ai cherché, dans tout ce que nous avons jusqu'ici rencontré, l'éthymologie de ce nom, et je n'ai rien trouvé qui, selon moi, puisse justifier cette dénomination.

— Ah! reprit le garde en souriant, ceci est une histoire; et si vous vouliez bien me permettre de vous accompagner en suivant le sentier, je pourrais vous la raconter.

M. P. tira sa montre, l'heure quelle marquait lui fit juger qu'ils avaient assez de temps pour finir ce jour la promenade qu'ils avaient commencée, et il se décida à suivre le garde. Celui-ci commença alors en ces termes l'histoire du rocher des *Demoiselles* :

Sous le règne de Louis XV, la cour, comme vous le savez, se livrait avec toute l'impudeur, tout le cynisme que donne une puissance sans borne, à la débauche la plus crapuleuse. Le roi lui-même, après s'être souillé

des actes de la plus dégradante bas-
sesse, venait sans honte présider aux
orgies infames de ses courtisans. Aussi
cette cour ordurière, en quelqué lieu
qu'elle se rendit, traînait-elle après
elle, comme un bagage nécessaire,
indispensable, des bandes de femmes
de mauvaise vie, recrutées non seulement dans les rangs du peuple, que
les grands corrompaient par leurs
honteux exemples, mais encore dans
ces classes mêmes si fières de leurs
naissance. Un jour donc, que le roi
se trouvait à Fontainebleau, il eut
comme un remords de conscience, et,
dégoûté à la vue des infamies qui se
passaient dans les cours et jardins du
palais, où se rassemblaient ces misé-
rables, comme certains oiseaux se
rassemblent autour des cadavres, il
défendit qu'aucune femme, du genre
de celles dont je viens de parler, se fît
voir dans les rues de la ville ou dans
les jardins du palais. Comme, à cette

époque, la cour ne faisait pas de longs
séjours à Fontainebleau, ces femmes
choisirent cette partie de forêt pour
théâtre de leur ignominie, ce qui va-
lut à ce rocher un nom ignoble que
je n'ose nommer (1).

Sous le règne de Louis-Philippe,
dans une promenade que fit, dans ces
parages, la duchesse d'Orléans avec
ses enfants, en ma qualité de garde
de ce canton, j'étais de service auprès
d'elle ; elle me demanda quel était le
nom de cette partie de forêt. Jugez,
Monsieur, de mon embarras. Enfin,
pressé de répondre, je prononçai en
rougissant ce mot qui sonne si mal
aujourd'hui aux oreilles d'une femme,
et surtout d'une femme comme cette
princesse.

— Ah!... c'est un nom ignoble, me
répondit la princesse ; appelez-le dé-
sormais le rocher des Demoiselles.

(1) Ce rocher s'appelait autrefois le Rocher
put... (*Note de l'Editeur.*)

Voilà, Monsieur, l'origine du nom que porte aujourd'hui cette chaîne de rochers.

Le garde en racontant, nos promeneurs en écoutant cette histoire, avaient traversé la route cavalière, et étaient arrivés auprès d'une jolie roche semée, sur presque toute la surface, d'admirables cristalisations, et au pied de laquelle se trouvait un petit banc sur lequel Laure se reposa un instant.

Un coup de fusil, dont le bruit retentit à leurs oreilles, attira l'attention du garde, qui prit congé de nos promeneurs, et se dirigea du côté d'où ce bruit paraissait venir.

Après une courte pose sur le petit banc de pierre dont nous avons parlé, M. P. et sa nièce gravirent la pente rapide du sentier qui, en cet endroit, serpente entre les rochers, et bientôt ils furent à l'entrée d'un nouveau passage, auquel on a donné le nom de *pas-*

sage de Frère-et-Sœur, parce que les premières personnes qui passèrent dessous furent le frère et la sœur de notre laborieux artiste. Ils étaient encore sous la voûte naturelle que forment les rochers quand la jeune fille s'écria :

— Mon oncle, accourez donc, voilà quelque chose qui surpasse l'imagination.

M. P. accourut.

Décidément, dit-il, cet homme est extrordinaire ; voilà un travail qui dépasse, en effet, tout ce qu'un homme seul peut faire. Indépendamment du courage, il a fallu une force surhumaine pour apporter ici cette grande quantité de marches en pierre, et surtout pour les placer avec cette symétrie coquette qui flattent, en ce moment, nos regards. Et puis, vois donc comme cette grotte, qui se trouve au-dessus, couronne bien cette espèce de perron ! comme ce rayon de soleil couchant, qui l'éclaire de son feu rouge, lui donne de l'éclat! On la dirait tapissée d'une riche étoffe de pourpre.

En faisant ces observations, la jeune fille et son oncle avaient monté les vingt-huit marches en grès qui conduisent à cette grotte.

— Oh! mon oncle, nous n'avons pas tout vu du pied de l'escalier; regardez donc quel bel endroit pour faire un repas champêtre! Voici une table, des siéges! tout ceci est vraiment ravissant!

La jeune fille allait continuer, quand un bruit, comme celui de plusieurs voix, se fit entendre de l'autre côté du passage de Frère-et-Sœur, que nos promeneurs venaient de traverser. Bientôt un joli chien de chasse, l'oreille basse, le nez au vent, parut à leurs yeux. Plusieurs hommes le suivaient; le premier était d'une taille un peu au-dessus de la moyenne; une barbe blonde, grisonnante, couvrait entiè-

rement la partie inférieure de sa figure ; sa tête, presque rasée, était coif-
fée d'un chapeau de feutre gris ; il portait au cou une jolie cravate écossaise,
sur laquelle se repliait avec grâce un
col de chemise d'une éclatante blancheur ; il était vêtu d'une longue veste
de chase en velours vert, garnie de
gros boutons argentés sur lesquels
étaient ciselées des têtes de loup, de
sanglier, de cerf et d'autres animaux
forestiers. De longues guêtres de cuir
protégeaient ses jambes jusqu'au dés-
sous du genou, et ne laissaient voir que
fort peu d'un fin pentalon de velours
noir. Une giberne élégante, faite de
filet vert, et recouverte d'une jolie
peau de chevreuil, était suspandue à
son épaule gauche, tandis que sur la
droite était passée la bretelle, en
ganse verte, d'un riche fusil de chasse.
Au gonflement de sa gibecière, on aurait pu croire qu'elle était remplie des
produits de la chasse ; mais aux deux

bouteilles dont le gouleau dépassait à chaque coin, il était facile de deviner que cet élégant chasseur portait une partie de la cantine. En s'approchant davantage de ce personnage, on aurait même pu remarquer, sur la cire des bouteilles, le cachet des contributions indirectes, si, avec un peu de sagacité, on n'avait reconnû, sinon un marchand de vins, à cause de sa mise fashionable, au moins le propriétaire d'un des cafés les plus fréquentés de la ville de Fontainebleau.

Il était suivi de près par un autre homme. Celui-ci, coiffé d'une casquette en drap de forme allemande, portait aussi une longue barbe, mais la couleur en était à peu près noire; sa mise était moins élégante que celle de celui qui marchait devant lui; il portait une espèce de vareuse d'étoffe brune, et un pentalon gris; de grandes guêtres couvraient aussi ses jambes. A sa figure épanouie, à la rotondité

de son ventre, qu'il portait en avant
avec une certaine fierté, il était facile
de reconnaître, sinon un propriétaire
rentier, vu son âge peu avancé, au
moins un riche capitaliste à la tête
de quelque exploitation dont les roua-
ges fonctionnent d'une manière assez
satisfaisante.

Un troisième survint. Celui-ci était
d'une taille élevée ; il portait, comme
le premier, un chapeau de feutre gris ;
mais la forme en était différente. Il
n'avait pas de barbe. A la pâleur de
sa figure, à ses traits tant soit peu ti-
rés et amaigris, on reconnaissait, à ne
s'y point tromper, un de ces hommes
dont l'existence s'étiole sous les ma-
lignes influences que renferme l'atmosphère d'un étroit bureau. L'exercice de la chasse avait dû lui être or-
donné pour rompre, de temps à autres,
l'assommante monotonie d'un travail
sédentaire. Ses yeux ardents, en ce
moment, annonçaient, en effet, qu'il

éprouvait un bien-être indicible en aspirant l'air pur que l'on trouve ordi-
nairement au sommet des montagnes.

Un quatrième chasseur suivait celui-ci; il était aussi d'une taille élevée.
Sa mise était plutôt une tenue de ville
qu'une tenue de chasse; il portait un
chapeau de soie noir et un habit bleu
à larges basques. Son pantalon, re-
levé par le bas, laissait voir des demi-
guêtres en cuir noir lacées sur le côté,
semblables à celles que portent aujourd'hui nos fantassins; un collier
bien fourni d'une belle barbe noire,
encadrait avec grâce une figure mâle
et expressive; ses yeux seuls, un peu
fatigués, en rompaient la gracieuse
harmonie.

Enfin, parut un cinquième homme;
il était déjà presqu'au milieu de l'escalier, que nos promeneurs, qui s'é-
taient rangés sur le côté, ne l'avaient
point encore vu. Sa petite taille et la
place qu'il occupait derrière l'hom-

15

me assez puissant que nous venons
de dépeindre en étaient sans doute
la raison. Sa figure était presque entièrement ensevelie sous une barbe
épaisse, semée, particulièrement au-
dessous de la lèvre inférieure, de quelques poils de couleur fauve. Du milieu de cette barbe surgissait un nez
maigre et un peu recourbé, que semblaient surveiller deux petits yeux
ronds et brillants. Il portait une casquette de forme sphérique en velours
noir, et une blouse bleue. Il avait aux
jambes, en guise de guêtres, de vieilles
tiges de bottes auxquelles il avait fait
adapter des dessous-de-pieds.

Tous étaient armés d'un fusil de
chasse de plus ou moins de valeur.

— Je commençais à sentir le besoin
d'une halte, dit le premier des chasseurs en mettant le pied sur la dernière marche, et en se retournant vers
ses camarades, qu'il dominait alors
de toute sa hauteur.

— Le fait est, reprit le second, que
la course que nous venons de faire,
jointe à l'heure avancée de la journée,
nous dispose parfaitement à prendre
du repos et de la nourriture.

En échangeant encore quelques paroles dans le même sens, les cinq
chasseurs arrivèrent tous à la grotte
que nous avons dépeinte. Chacun alors
tira de sa gibecière les provisions dont
il s'était muni, et les déposa sur la table de pierre.

Entre autres mets, celui qui marchait le troisième, en montant l'escalier sortit un derrière de lièvre rôti,
produit de sa chasse de la veille, dont
l'odeur alléchante invitait à manger.
Un autre produisit un beau cuisseau
de chevreuil, qui paraissait ne le céder en rien au lièvre de son camarade. Après quelques plaisanteries, qui
durèrent le temps de ces aprêts, nos
cinq hommes se rangèrent autour de
la pierre plate qui devait leur servir

de table, et se mirent à manger avec
un appetit de chasseurs, comme dit le
proverbe.

— Il faut convenir, dit l'un d'eux entre deux bouchées, que nos seigneurs
et maîtres d'autrefois avaient bien
quelques raisons d'être si jaloux de
leur droit de chasse, car indépendamment du plaisir que l'on éprouve à
parcourir les bois et les champs pour
poursuivre le gibier, il en est un autre
qui a bien aussi sa valeur, c'est celui
de le manger.

— Eh bien! reprit un autre, ce sont
pourtant ceux à qui la République a
procuré ce double plaisir, et ceux là
mêmes qui en profitent avec le plus
de bonheur et avec le plus d'empres-
sement, qui crient le plus fort contre
cette forme de gouvernement !...

— Si c'était là leur seule inconsé-
quence, reprit un troisième.

Si nos maître d'autrefois, reprit une
autre voix, avaient été moins égoïstes,

qu'ils eussent moins tenu à tout acca-
parer à leur profit, peut-être leur en
serait-il resté davantage...

Ils ont joué le rôle du loup dans la
fable intitulée : le *Chasseur et le Loup*,
reprit celui qui le premier avait pris la
parole.

M. P. voyant ces chasseurs si bien
disposés à faire honneur aux mets dé-
licats dont ils avaient couvert la table
rustique de la grotte, fit signe à sa
nièce de le suivre, et tous deux arrivèrent auprès d'un petit bouleau qui
pousse vigoureusement, quoique serré
entre deux roches très rapprochées.
De là ils contemplèrent le joli point
de vue qu'offre le bâtiment de la fai-
sanderie, dont les murailles blanches,
encadrées de verdure, présentent
l'aspect le plus pittoresque. Quelques
instans leur suffirent pour juger de
ce délicieux coup d'œil ; quand ils eurent encore fait quelques pas, ils s'arrêtèrent devant un trou creusé par

la nature dans un énorme rocher, et
qui ressemble assez à l'orbite vide
d'un œil monstrueux; ils l'appelèrent
l'Œil de Polyphème.

En marchant toujours dans la même
direction, ils arrivèrent enfin au pied
d'un nouvel escalier qui, quoique composé de moins de marches que le premier, a bien autant de mérite. Un
homme se trouvait au sommet. A sa
figure amaigrie, à ses mains calleu-
ses et ensanglantées, à ses vêtements
en lambeaux, il était facile de juger
que cet homme se livrait, depuis un
certain temps, à un travail excessive-
ment pénible. Du reste, il était encore
à l'œuvre; il finissait de poser la dernière marche en pierre de cet escalier
qu'il avait construit pour monter au
sommet d'un rocher dans lequel il
avait pratiqué un passage. Nos
promeneurs reconnurent sans peine
l'homme dont les deux dames leur
avait parlé : C'était en effet l'infa-

tigable travailleur à qui nous devons
cette ravissante promenade. M. P.
s'approcha de lui, et, quoiqu'il ne
le connût pas personnellement, il lui
demanda à presser cette main courageuse qui avait si bien servi ses in-
telligentes conceptions. Après l'avoir
complimenté sur son bon goût, sur sa
persévérante activité, il passa de l'autre côté du rocher, qui forme, en cet
endroit, un étroit défilé.

Un homme, qui venait dans le sens
opposé, s'offrit alors à leur vue. Il
était petit, un chapeau noir à larges
bords couvrait sa tête, une longue barbe grisonnante cachait entièrement
son manton; il portait des lunettes.
Nos promeneurs le saluèrent en passant près de lui; il porta machinalement la main à son chapeau, et, sans
sortir de l'espèce de rêverie dans
laquelle il paraissait plongé, il continua sa route.

— Vous ne connaissez pas cet

homme ? dit la jeune fille à son oncle.
Eh bien! c'est l'auteur de toutes les
jolies publications qui ont été faites
sur la forêt et le palais de Fontainebleau.

Comment!... fit M. P. en se retournant, cet homme......

— Oui, reprit Laure sans donner à
son oncle le temps d'achever sa phra-
se, c'est à cet homme que nous devons trois éditions d'un itinéraire his-
torique et descriptif du palais et de la
forêt de Fontainebleau, ces jolies car-
tes enluminées qui parent votre cabinet de travail, ces gravures si fraî-
ches, si poétiques, ces paysages délicieux, ces vues admirables qui tapis-
sent les murs de notre salle-à-manger;
c'est lui qui a découvert ces grottes
pittoresques, ces rochers bizarres, ces
arbres extraordinaires qui font les
délices des artistes qui, chaque année, viennent étudier les beautés de
cette forêt. Et puis, lui aussi, a fait

des sentiers dont le pittoresque ne
le cède en rien à celui que nous venons
de parcourir ; la main de l'homme s'y
montre beaucoup moins, mais celle
de la nature s'y trouve dans toute sa
rudesse, ce qui, pour un véritable artiste, n'est point à dédaigner. Plusieurs
des jolies routes qui sillonnent en
tous sens cette belle forêt sont dues
à ses recherches, à ses indications, et
quelques unes mêmes à sa bourse.
'est un homme enfin qui paraît avoir
pris à tâche d'embellir la forêt de Fontainebleau ; on dit même que ses indications, ses vues, ses idées, n'ont
point été nuisibles à l'homme que
nous venons de rencontrer, travaillant à continuer cette belle promenade.

En donnant à son oncle ces détails
sur l'homme que nous venons de rencontrer, Laure l'avait insensiblement
entrainé vers la partie opposée du rocher que nous venons de parcourir.

16

Elle-même, sans s'en apercevoir, avait suivi les sinuosités du sentier, et fut toute étonnée de se trouver, après une marche assez longue pourtant, à travers les rochers, les vallées et les montagnes, sur la grande route qui conduit à Nemours. Ils s'arrêtèrent un instant, comme pour s'orienter, et reconnurent bientôt qu'ils n'étaient qu'à très peu de distance de la ville. M. P. qui, pendant tout ce trajet, avait gardé le silence, le rompit en ce moment pour faire voir à sa nièce l'entrée d'un sentier nouveau qui traverse le rocher Bouligny. Ils s'y engagèrent; mais Laure, qui, jusqu'ici, n'avait re-remarqué ni le silence de son oncle, ni son air sombre et pensif, parce qu'elle avait toujours parlé, s'en aperçut en ce moment.

— Mais, mon oncle, lui dit-elle, comme vous paraissez donc rêveur? Auriez-vous quelque sujet de vous attrister ?

— Oh! non, ma fille, répondit l'oncle;

seulement je repasse dans mon esprit
les divers épisodes que nous avons
rencontrés dans cette promenade. Pour
l'homme qui raisonne, vois-tu, les choses les plus indifférentes aux yeux des
autres, ont quelquefois un grand
sens. A chaque pas il trouve le sujet
de salutaires enseignements. Vois, nous
avons entendu d'abord le récit des
douleurs qui ont lacéré le cœur de
cette femme infortunée, qu'un même
coup de la destinée précipitait et du
trône impérial et de sa couche nuptiale;
un peu plus loin, nous avons vu cet
homme, né bon sans doute, la première partie de son histoire nous en
donne la preuve; mais qu'un concours
de circonstances malheureuses, assurément indépendantes de sa volonté,
a découragé, plongé dans tous les dé-
sordres, et conduit à l'abrutissement.
En avançant encore, nous rencontrons
cette mère éplorée, dont la douleur
ronge lentement l'existence. Cette mè-

re, qui avait fondé sur sa fille les plus belles espérances, crois-tu qu'elle ne soit pas placée là pour nous montrer une fois de plus toute la verité de cet adage: L'homme propose, et Dieu dispose? Et ces hommes, courageux travailleurs, que décime chaque année une mort lente et cruelle, malgré les efforts qu'ils tentent de leur côté pour améliorer leur position, ne sont-ils point une preuve de notre impuissance à trouver le bonheur, si nous ne réalisons ee vœu du père commun de tous les hommes : Aimez-vous, secourez-vous les uns les autres. L'oubli dans lequel ont été ensevelis les services rendus à la patrie par ce brave ouvrier, pendant tout le temps de sa carrière militaire, la rencontre fréquente de ces ouvriers-poètes, intelligences privilégiées enfouies dans les rangs du peuple, et que quelques éclairs font reconnaître tôt ou tard, et surtout cette terrible catastrophe qui,

nous rappelle le souvenir du conventionnel Louvet, tout ne nous montre-
t-il pas la verité de ces paroles que
je te disais près de la prétendue retraite de ce même Louvet, que la destinée des hommes ne se décide presque jamais d'après leurs actions, ni
sur le theâtre où ils agissent ; que
tandis qu'ils s'imaginent travailler de
leurs propres mains à leur avenir, il
y a quelque part quelque chose de
plus fort qu'eux dont dépend le bonheur ou le malheur de leur vie.
Aussi, mon enfant, quand je vois, sur
l'esquif politique, ces hommes ambitieux se disputer avec violence le gou-
vernail, au risque de le faire sombrer,
malgré la confiance pleine et entière que j'ai dans la main puissante
qui le dirige à leur insu, je me prends
à avoir peur, et, avec le pêcheur du
lac de Génésareth, je m'écrie : Salva
nos, Domine, perimur(1).

(1) Sauvez-nous, Seigneur, nous périssons.

16*

Ces réflexions de M. P. firent oublier à sa nièce la longueur du chemin qu'elle venait de parcourir. Ils passèrent la grille de l'avenue de Maintenon, où les avait amenés le nouveau sentier qu'ils avaient pris, et, après avoir traversé le parterre du palais, ils rentrèrent en ville.

FIN

Imp. de Maistraesse et comp , place du Chevalier-du-Guet, 3.

POINTS REMARQUABLES.

Qui ne sont pas cités dans cette Promenade.

———>⟡<———

Chêne de Joséphine.
Le Reliquaire.
La Hure du Sanglier d'Hérimanthe.
Le Chameau.
Le Chêne Louis XV.
Le Repos de Laure.
La Caricature.
Le Masque de Momus.
La Galerie du Chaos.
La Roche à Cornu.
Roche et Passage Bournet.
La Grenouille.
Le Chêne d'Eugénie.
L'Abri du Sergent Bellangé.
Grotte d'Adam.
Les Catacombes.
Roche de Blondel.
Le Temple druidique.
Rocher Bouligny.
Carrefour de Maintenon.

www.ingramcontent.com/pod-product-compliance
Lightning Source LLC
Chambersburg PA
CBHW072022080426
42733CB00010B/1794